数实融合发展：理论·机制·路径

研究阐释党的二十大精神丛书

上海市哲学社会科学规划办公室
上海市习近平新时代中国特色社会主义思想研究中心 ——编

张祥建 刘知恒 ⊙ 著

上海人民出版社

出版前言

　　党的二十大是在全党全国各族人民迈上全面建设社会主义现代化国家新征程、向第二个百年奋斗目标进军的关键时刻召开的一次十分重要的大会。这次大会系统总结了过去5年的工作和新时代10年的伟大变革，阐述了开辟马克思主义中国化时代化新境界、中国式现代化的中国特色和本质要求等重大问题，对全面建设社会主义现代化国家、全面推进中华民族伟大复兴进行了战略谋划，对统筹推进"五位一体"总体布局、协调推进"四个全面"战略布局作出了全面部署，在党和国家历史上具有重大而深远的意义。

　　为全面学习、全面把握、全面落实党的二十大精神，深刻揭示党的创新理论蕴含的理论逻辑、历史逻辑、实践逻辑，在中共上海市委宣传部的指导下，上海市哲学社会科学规划办公室以设立专项研究课题的形式，与上海市习近平新时代中国特色社会主义思想研究中心、上海市中国特色社会主义理论体系研究中心联合组织了"研究阐释党的二十大精神丛书"（以下简称丛书）的研究和撰写。丛书紧紧围绕强国建设、民族复兴这一主题，聚焦习近平新时代中国特色社会主义思想，聚焦新时代党中央治国理政的伟大实践，力求对党的创新理论进行学理性研究、系统性阐释，对党的二十大作出的重大战略举措进行理论概括和分析，对上海先行探索社会主义现代化的路径和规律、勇当中国式现代化的开路先锋进行理论总结和提炼，体现了全市理论工作者高度的思想自觉、政治自觉、理论自觉、历史自觉、行动自觉。丛书由上海人民出版社编辑出版。

丛书围绕党的二十大提出的新思想新观点新论断开展研究阐释，分领域涉及"第二个结合"实现之路、中国式现代化道路、五个必由之路、中国共产党的自我革命、斗争精神与本领养成、国家创新体系效能提升、中国特色世界水平的现代教育探索、人民城市规划建设治理、超大城市全过程人民民主发展、数字空间安全、长三角一体化发展示范区等内容，既有宏观思考，也有中观分析；既有理论阐述，也有对策研究；既有现实视野，也有前瞻思维。可以说，丛书为学习贯彻习近平新时代中国特色社会主义思想和党的二十大精神提供了坚实的学理支撑。

丛书的问世，离不开中共上海市委常委、宣传部部长、上海市习近平新时代中国特色社会主义思想研究中心主任、上海市中国特色社会主义理论体系研究中心主任赵嘉鸣的关心和支持，离不开市委宣传部副部长、上海市习近平新时代中国特色社会主义思想研究中心常务副主任、上海市中国特色社会主义理论体系研究中心常务副主任潘敏的具体指导。上海市哲学社会科学规划办公室李安方、吴净、王云飞、徐逸伦，市委宣传部理论处陈殷华、俞厚未、姚东、柳相宇，上海市习近平新时代中国特色社会主义思想研究中心叶柏荣等具体策划、组织；上海人民出版社编辑同志为丛书的出版付出了辛勤的劳动。

"全面建设社会主义现代化国家，是一项伟大而艰巨的事业，前途光明，任重道远。"希望丛书的问世，能够使广大读者加深对中华民族伟大复兴战略全局和世界百年未有之大变局、对中国共产党人更加艰巨的历史使命、对用新的伟大奋斗创造新的伟业的认识，能够坚定我们团结奋斗、开辟未来的信心。

目 录

前　言

　　党的二十大报告提出"促进数字经济和实体经济深度融合，打造具有国际竞争力的数字产业集群"。这一重要论述为我国数字经济与实体经济融合发展指明了方向。由于数字技术革命带来的深刻影响，经济社会数字化转型存在迫切需求，数字经济与实体经济融合发展已成为产业变革与经济增长的重要趋势，是当代经济学研究的前沿领域。同时，经济增长动力转换与产业结构升级，要求传统产业数字化转型，促使企业拥抱新技术以追求新的竞争优势。消费需求升级也推动数字技术在各行各业深度渗透，以提供更个性化的产品与服务，这使得研究数字经济与实体经济深度融合的逻辑、路径与对策成为当下理论与实践探索的重点。

　　数字经济与实体经济的深度融合，正在深刻改变经济社会发展方式，开启社会生产力和治理能力的新局面。这是未来经济发展的必然方向，也是我国参与全球价值链重塑和新一轮科技革命的重要途径。数字经济与实体经济深度融合发展存在三重基本逻辑：创新逻辑、增长逻辑和应用逻辑。

以创新逻辑打造技术生态圈。数字时代背景下，数据资源、新一代信息技术以及现代信息网络都扮演着至关重要的角色，它们共同组建起数字经济的技术生态系统，促使数字经济与传统行为的结合，并以此为基础，不断创新出更多的可能性。首先，数据资源不断催生新产业。数据资源的多样性和可持续性，为新兴产业提供了强大支撑。它们不仅可以共享、复制和重复利用，而且还能够极大地提高产出，从而为经济发展提供巨大的推动力。数据资源能够与其他生产要素相结合，形成多种新兴的产业。特别是，数据资源与传统的生产要素相结合，大幅提升了高端生产要素的比重，进而推动了产品结构的重塑，为新兴产业的发展奠定了基础。其次，新一代信息技术引领产业升级。新一代信息技术的普及，正在彻底改变传统产业的布局，使得新型的服务业更好地与一产、二产相互联系，同时也为农业、工业等提供更多的增长机会，从而实现行业的转型升级。新一代信息技术的不断进步，不仅可以大幅提升产品的制造效率，而且还可以有效地减少生产过程的能源消耗，促进企业走上数字化、智能化的道路，从而达到节约资源、绿色环保的目的。再次，现代信息网络加速创新发展。现代信息网络为创新发展提供了强大的支持，它不仅能够有效地利用和转换数据资源，而且还能够实现数据的共享与流通，大幅提升数据的价值，加快新兴产业的发展。同时，现代信息网络的发展提供了巨大的机遇，它具有强大的连接力，使得上、中、下游企业之间的垂直壁垒得到有效的突破，同时消除消费者与生产者之间的鸿沟，推动产品与要素自由流动，形成互融共通的产业生态。

以增长逻辑提升主体生产率。当前，全球经济增长放缓，新一轮科学革命正在迅猛崛起，使得全要素生产力成为经济增长的关键要素，其中，数字经济的出现，从微观和宏观层面加速推动了这一进程。一方面，数字经济在微观层面实现了企业生产效率的提升。首先，企业通过采用最新的数字技术，不仅可以显著地改善生产流程，还可以实现对各项细分领域的全程监控，实现对市场的快速响应，有效地优化企业的制造工艺，从而大幅度地增加产出。利用数字技术构筑的智能车间和智慧工厂，从规划、生产、运营等环节都可以获取更加精准的信息，提高整个行业的产出水准。其次，随着节约成本构想的出现，现代 IT 技术为信息的高效自由传输提供了便利，这大大改善了企业的运营效率，在生产坏节为降低生产成本提供了一种有效的方式，压缩了耗时、减少了中间环节和能耗，大大提高了资金流动性。例如，通过建立电子商务平台，可将资金、物流、仓储、生产、产品设计等各个部分进行有机的结合，实现更好的财务管理，进一步降低企业的经济负担和运营成本。最后，数字经济改变了商品的流转方式和销售方式，克服了时空的局限，为客户提供更加丰富的信息，更好地满足客户多样化的要求，从而使得企业的生产规模得到有效的增长。另一方面，数字经济在宏观层面实现经济运行效率的提升。数字经济的应用深入生产、流转、分享、消费的每一个环节，极大地提升了全社会的综合发展水平。数字经济将政府与企业之间的联系变得更加牢固，消除了信息不对称，并且大大降低了企业的投机行为，促进了企业创新，推动了企业发展和社会进步。随着数字化的发展，各级政府机构能够利用这一新兴的工具，及时获取有价值的信息，深入分析当下的市场状况，把握风险变化，从而制定出更具有针对性、预见性的经济发展策略，改善公众服务的质量，提高公共品的供给效率。

以应用逻辑拓展场景适应力。场景运用为数字经济的发展提供了重要的支撑，它将供给端和需求端有效地联系起来，以消费者需求促进产品创新，并且将数字技术与实际应用场景有机结合，推动技术进步和产业升级。第一，场景是现代经济连接供给与需求的纽带。随着数字经济的不断深入，传统的以产品为主的发展模式已不复存在，取而代之的是以客户需求为核心的场景应用模式。也就是，将客户的实际需求与企业的产品结合起来形成的应用场景，能够更加直观、高效地满足客户的要求，从而实现双赢。第二，现代化、专业化、多样化场景建设需要数字技术提供支撑。在数字经济背景下，实体经济活动中场景的概念不同于传统层面上场景的概念，其建设和管理也更加复杂。通过大数据、物联网等数字技术，企业可以获取相关用户的多维度个人数据信息，通过数据挖掘等先进技术对数据进行整合、分析，提高对用户的了解程度。同时，这些数据也可以作为场景建设、管理的参考依据，进一步激活场景的功效，提高场景吸引力。第三，场景适应力进一步驱动技术进步。随着科学技术的不断发展，企业必须利用先进的数据分析工具，及时响应市场的变化，以便提供最佳的解决方案，满足客户不断增长的需求。因此，可以说，随着市场的不断演变，数据分析工具的重要性也在不断提升，它不仅可以帮助企业实现快速的转型，还能够激励企业创新，从而促进经济增长。

基本逻辑是数字经济与实体经济深度融合的理论基础，但要真正实现两者的深度融合还需具体的实现路径。实践中，数字经济与实体经济通过产品层、企业层和产业层三个维度使两者的深度融合从理论走向现实。

在产品层面推动深度融合，提升产品质量。在数字化的背景下，实体企业，特别是制造商，努力推行精益化的生产方式，旨在不断提升产品质量，优化生产流程。换句话说，精益化生产的目的在于找到一种有效的方法，来减少浪费、提高效率，并且能够达到零库存的目标。可见，精益化的生产方式就是利用现代化信息技术，将现存的生产流程转换成更加灵活的生产模式，以满足不断变化的市场需求，并且大大改善公司的运营效能。这种生产方式可以迅速反映市场经济发展变化，适应消费者的个性化要求，使得产品的设计、制造、销售等各个环节都可以得到有效支持。数字经济的迅速崛起，有力支撑了精细化生产方式的成型，为其与传统实体经济的紧密结合提供了更多的可能性，进一步促进数字经济与实体经济在产品层面的深度融合。

在企业层面推动深度融合，促进商业模式创新。数字经济与实体经济深度融合突出体现在企业商业模式的创新。例如，随着平台经济的崛起，"互联网＋平台经济"模式备受追捧等。同时，由于数字技术的发展，以区块链为代表的数字技术，让企业间的交易去中心化，逐渐形成一种新的分布式商业模式。数字经济的发展带动商业模式的变革和资源配置效率的提升，从而进一步促进数字经济与实体经济在企业层面的深度融合。

在产业层面推动深度融合，优化价值链和产业链。一是数字产业化。由于科学技术的进步，数据通信产业已被确立为推进数字经济的关键因素，它以数据通信的优势，推进着人工智能、元宇宙等前沿科学的应用，并且以此来带动整个社会的革命；二是产业数字化。产业数字化是数字经济发展的重要延伸，通过对价值链的重塑、对创新链的推动，产业数字化不仅可以极大地改善传统行业的运营效率，还可以促进其他行业的发展，如工业互联网、智能制造、平台经济、智慧农业等，它们共同推动数字经济的深度融入。

现阶段，我国应通过产业链深度融合加快数字经济与实体经济融合步伐，构建数字化产业集群形成数字经济与实体经济深度融合的空间布局。同时，打造数字生态圈以带动更多的关联产业发展。通过产业链深度融合、数字化产业集群和数字生态圈三者同频共振加速数字经济与实体经济的深度融合。

促进产业链深度融合。数字经济和实体经济的深度融合，需要在产业链的不同环节中优势互补。如在制造业中，数字化设计技术、智能化生产技术、数据化管理技术等，都是数字经济与实体经济融合的体现。这些技术可以推动各类市场主体加速融合、各类资源要素快捷流动，延伸产业链条，畅通国内外经济循环，进一步形成具有韧性的供应链和产业链，提高实体经济的生产力和效益，也能够进一步推动数字经济的发展。目前阶段，我国可通过推进供应链和互联网相融合，持续加大数字技术投入，探索出一条"链网融合"的新路径，实现云网、仓网、货网的"三网通"，不仅能带动产业链上下游合作伙伴实现降本增效和数字化转型升级，也能有效保障自身产业链与供应链的稳定可靠。事实上，产业链深度融合不仅催生新模式、新业态和新产业的发展，还可帮助市场主体重构组织模式，增强产业链与供应链的竞争力和稳定性，最终加快数字经济和实体经济的深度融合。

构建数字化产业集群。数字经济可以把物理空间转化为虚拟空间，可以化解地缘障碍，为实体经济的发展提供更广阔的发展空间。如商家可以在数字化的商贸平台上，让商品更广泛地进行流通，从而开拓市场，让实体经济有更多机遇。数字化产业集群是数字经济与实体经济融合的核心形式，能助力实体经济提高附加值和科技含量，同时增加数字经济的创新和发展空间。我国应利用数字化技术化解地缘障碍，在数字化产业集群的布局中，需要注重产业的协同发展，即实体经济的需求带动数字经济的发展。通过产业集群，实现城市的智慧化，提高城市的竞争力与吸引力，为进一步促进数字经济与实体经济深度融合打造更广阔的空间布局。

建设数字生态圈。数字生态圈是数字经济与实体经济深度融合的重要形态，这个生态圈包括产业、技术、人才、政策等各个要素，通过平台化的布局来连接各个要素。数字生态圈可以实现互联互通的目标，进而加速数字经济与实体经济的深度融合。通过数字技术并尝试拓展新的运营模式，企业能够更快地处理信息，更有效地运作流程，从而提高企业的效率和收益。数字化转型也可以带来更多关联产业发展的机遇。因此，应加强数据管理和共享，建立公共数据开放平台，依法保护城市数据隐私，促进城市管理和公共服务从数据共享中获得价值。

张祥建

2023 年 10 月

第一章

绪　论

数字经济与实体经济的深度融合，正在深刻改变经济社会发展方式，开启社会生产力和治理能力的新局面。这是未来经济发展的必然方向，也是我国参与全球价值链重塑和新一轮科技革命的重要途径。近年来，随着科技的迅速发展和数字化进程的推进，数字经济作为新的经济增长引擎逐渐受到重视。数字技术的快速发展与迭代正引领着科技领域的前沿，重塑生产方式、经济形态和社会结构，数字技术日益渗透到经济社会的各个方面，推动实体经济的数字化转型。

第一节　研究背景和意义

随着数字技术的迅速发展，数字经济与实体经济的融合已经成为全球产业变革和经济发展的重要趋势。政策支持在这一进程中起到关键作用，通过制定鼓励数字化转型与数实融合的政策，推动企业融入数字生态系统，促进传统产业实现数字化转型，催生新业态和新模式。数字技术的更新与迭代不仅为实体经济提供了更高效的生产和管理手段，也为创新业态的涌现提供了土壤。因此，数字经济与实体经济的融合发展，将为经济增长和可持续发展开辟新道路，推动经济高质量发展。

一、研究背景

当前，数字经济与实体经济融合发展成为大势所趋。数字技术日益融入经济社会发展的各领域和全过程，不仅成为孕育数字经济发展的新动能，而且是推动实体经济质量变革、动力变革和效能变革的重要途径。互联网、大数据、人工智能等先进技术的广泛应用，使得数字经济在促进创新、提升效率和拓展市场等方面发挥越来越重要的作用。因此，研究数字经济与实体经济融合发展的过程、影响和趋势，将有助于更好地把握经济发展的动态变化，为未来决策提供科学依据。

（一）政策支持力度不断加强

政策支持在这一背景下发挥了重要作用，为数字经济与实体经济的融合发展提供了有力保障和支持。政府在各个层面积极出台支持数字经济的政策，旨在促进创新、提升效率，并推动传统产业与新兴技术的有机结合。

国家高度重视数字经济产业的发展及其与实体经济的融合。2017 年"数字经济"一词首次出现在政府工作报告中，中国进入数字经济发展的新阶段，支持数字经济发展和数实融合发展的政策不断出台，数字经济迅速崛起，并成为我国经济社会发展的新引擎。2022 年 10 月 16 日，习近平总书记在中国共产党第二十次全国代表大会上的报告中提出："加快发展数字经济，促进数字经济和实体经济深度融合，打造具有国际竞争力的数字产业集群。"[①] 习近平总书记在中央政治局第三十四次集

---

① 习近平：《高举中国特色社会主义伟大旗帜　为全面建设社会主义现代化国家而团结奋斗——在中国共产党第二十次全国代表大会上的报告》，人民出版社 2022 年版，第 30 页。

体学习时也指出："要推动数字经济和实体经济融合发展，把握数字化、网络化、智能化方向，推动制造业、服务业、农业等产业数字化，利用互联网新技术对传统产业进行全方位、全链条的改造，提高全要素生产率，发挥数字技术对经济发展的放大、叠加、倍增作用。"①国务院印发的《"十四五"数字经济发展规划》明确提出："到 2025 年，数字经济迈向全面扩展期，数字经济核心产业增加值占 GDP 比重达到 10%。"②

以《国务院关于积极推进"互联网+"行动的指导意见》为关键节点，国家层面和省市层面均出台了一系列配套政策，旨在促进数字经济相关产业发展，推进数字经济与实体经济融合发展。在国家层面，《"十四五"信息化和工业化深度融合发展规划》《"十四五"国家信息化规划》《"十四五"数字经济发展规划》《中华人民共和国国民经济和社会发展第十四个五年规划和 2035 年远景目标纲要》等政策相继发布实施，以解决数字经济和实体经济深度融合发展的关键问题为出发点和落脚点，推进数字技术赋能实体经济。中共中央、国务院于 2022 年 12 月印发了《关于构建数据基础制度更好发挥数据要素作用的意见》，从总体要求、数据产权、流通交易、收益分配、安全治理及保障措施六个方面提出二十条意见，指导数据要素市场发展，初步搭建了我国数据基础制度的"四梁八柱"。此外，各省市也陆续出台相关政策推动数字经济与

---

① 新华社：《习近平主持中央政治局第三十四次集体学习：把握数字经济发展趋势和规律　推动我国数字经济健康发展》，https://www.gov.cn/xinwen/2021-10/19/content_5643653.htm。

② 《"十四五"数字经济发展规划》，中国政府网，2021 年 12 月 12 日。

实体经济深度融合。

近年来，我国推进数实融合的政策体系不断完善，为推动数字技术与实体经济深度融合创造了有利条件。政府不断加大对信息技术产业的支持力度，制定了一系列鼓励创新、促进数字化转型的政策措施。党和国家正在加快构建数据流通体系、知识产权保护体系等，不断优化数字经济发展环境，这标志着一个以数字化和智能化为特征的新经济形态——数字经济正在兴起，并逐渐成为经济社会发展新引擎。在政策的引导下，我国的数实融合将继续迈向更高水平，为经济增长和社会发展注入新的活力。

（二）数字技术的快速发展

数字技术在近几十年间快速迭代与发展，引领了科技领域的深刻变革，涵盖了计算机科学、通信技术、人工智能以及物联网等多个子领域。这一发展趋势在技术层面上体现为指数级的增长与创新，并在社会层面上引发了广泛而深远的影响，催生了新业态新模式，为数字经济与实体经济融合提供了技术基础。

首先，计算机科学领域的发展在很大程度上受益于摩尔定律的影响，使得集成电路中的晶体管数量每隔一段时间便翻倍，促进了计算性能的持续提升。随之而来的是计算机体积的持续减小以及功耗的显著降低，这使得各种规模的计算设备能够应用于从嵌入式系统到超级计算机等多个领域。其次，通信技术的快速进步为全球范围内的人们带来了前所未有的紧密联系。移动通信标准的不断升级，从 2G 到 5G，为数据传输提供了更高的速率、更低的延迟以及更大的容量，为实时视频通话、高清流媒体等应用提供了支持，为数字经济的发展创造了条件，使得各种设备能够相互连接并实现智能化交互。再次，物联网作为数字技术的前沿领域，将各种物理对象与互联网连接，实现了现实世界与数字世界的深度融合。传感器和嵌入式系统的迅速发展，使得汽车、家居、城市基础设施等能够实时感知环境并进行数据交换。最后，人工智能的迅猛发展源于机器学习和深度学习等技术的突破。这些技术允许计算机从大规模数据中不断学习，进而实现图像识别、自然语言处理、语音合成等人类智能所具备的能力。智能助手、自动驾驶和金融风险预测等应用不断涌现，重新定义了人机交互和决策支持的方式。这些领域的技术创新与进步为数字经济与实体经济融合发展提供了技术支持，使经济活动的数字化成为可能，为数字经济与实体经济的深度融合创造了技术条件。

数字技术的广泛应用加速了信息化和智能化进程，推动供给侧结构性改革，电子商务、金融科技、共享经济等新产业快速增长，催生了大量新业态，极大丰富了数字生活。光纤、5G等网络通信技术加速发展，全球加速布局算力中心、数据中心和卫星通信工具等设施建设，为数字经济发展提供了基础设施保障。

（三）数字经济加速赋能实体经济

数字经济与实体经济的融合发展是当今经济发展的重要趋势，随着信息技术、人工智能、大数据等数字化工具的兴起，数字经济成为推动产业变革和经济增长的关键力量。数字经济以其高效、灵活、创新的特点，正在重塑传统产业的运作方式，并为实体经济注入新的动力。

实体经济是国民经济的重要组成部分，其稳定发展关系到经济社会发展大局。当前，实体经济增长放缓，结构调整难度大，发展动能转换缓慢。一方面，消费和投资增速下滑，对经济增长贡献度下降，高新技术产业和战略性新兴产业的发展动力不足，产业结构优化难度大，要素价格失衡状况较为严峻，劳动力和土地等要素流动性不足，配置效率有待提高，阻碍着高质量发展。另一方面，实体经济发展过于依赖投资拉动，内需不足，并且由于逆全球化趋势导致出口对增长的拉动作用减弱，面临外需不振压力。这些问题引起社会各界广泛关注，成为经济研究的重要领域。如何利用数字技术实现升级，成为实体经济发展的当务之急。实体经济面临产业变革的压力，必须利用新技术实现数字化转型，提高生产力和竞争优势，才能适应数字经济发展的新环境。探索数字经济与实体经济融合道路，成为实体企业和实体产业发展的必然选择。

数字技术已经超越单纯的信息化概念，成为推动实体经济增长和创新的工具。数字经济与实体经济融合发展的核心动因在于数字化技术所具备的赋能特性。数字经济可以通过深度整合数据和信息，改善实体经济各个环节的效率和智能化程度，深入改造生产要素与生产关系，数字化重构产业链条，数字化赋能实体产能，智能化升级消费体验。首先，数字经济通过提升生产、流通、消费等环节的效率，推动实体经济从传统的生产驱动向创新驱动、智能驱动的转变。新兴技术的应用使得企业能够更好地管理供应链、优化生产流程，提升产品质量和交付速度。其次，数字经济的发展也催生了新的商业模式，为企业创造了更多商机，加强了创新能力和产业升级。产业间壁垒日益消解，数字技术成为推动跨界融合的纽带，释放出更大的协同增长潜力，催生新的业态与增长极。最后，数字经济还在创造新的就业形态与机会，重塑人力资源供需模式，推动劳动分工体系及职业类型发生深刻变革，为就业市场带来更为灵活与开放的机制。数字技能也逐步成为必备要素，推动人力资源投入数字化转型与升级。可见，数字经济正深入影响各产业与要素，成为推动经济发展的新动能，改变实体经济的增长方式与运营组织形式。

二、研究意义

数字经济与实体经济的融合，正在深刻改变经济社会发展方式，开启社会生产力和治理能力的新局面。这是未来经济发展的必然方向，也是我国参与全球价值链重塑和新一轮科技革命的重要途径。因此，关于数字经济与实体经济深度融合的研究具有较强的理论意义和现实意义。

（一）学术价值

第一，揭示数字经济与实体经济深度融合的互动关系与逻辑机制。目前关于数字经济与实体经济深度融合关系及逻辑机制等研究尚未形成完善的理论体系，使得数字经济和实体经济融合深度发展缺乏较好的理论基础与理论指导。本书揭示数字经济与实体经济深度融合的互动关系，探索融合驱动机制，并提出数字经济和实体经济融合发展存在三重基本逻辑。从产品层、企业层和产业层三个维度分析数字经济与实体经济深度融合的机制机理和具体路径，并从微观企业、中观产业、宏观要素三个层面详细阐释了数字经济赋能实体经济高质量发展的内在机理，这为相关研究提供了坚实的理论基础。

第二，设计了数字经济与实体经济深度融合发展水平的测度方法。目前，学者们对于数字经济与实体经济融合程度的测度研究仍处在初期阶段，本书通过构建科学明晰的综合指标评价体系，使用耦合协调模型对数字经济与实体经济融合程度进行测度，旨在为数字经济和实体经济深度融合相关研究提供完善、准确的数据源，从而有效突破基础数据的局限，也为进一步扩展理论体系、方法体系提供数据支持，有针对性地为促进数字经济与实体经济深度融合并实现高质量发展提供参考。

第三，拓展数字经济与实体经济深度融合的实现路径与创新模式。近年来，学者们通过多种途径探索数字经济与实体经济融合发展的实现路径，但多数研究的实现路径不够具体明晰。本书基于数字经济与实体经济深度融合的互动关系与逻辑机制、表征现象与现实梗阻，从多角度拓展数字经济与实体经济深度融合的实现路径和创新模式。

（二）现实意义

从现实意义看，我国将迎来数字经济时代，这是我国经济从高速增长转向高质量发展的必然要求。数字经济和实体经济融合是国家发展战略的重要组成部分，能够促进经济转型升级和高质量发展，推进国家现代化建设和科技创新。数字经济的发展推动了全球新一轮产业变革，重构了产业价值链、供应链与创新链，对产业结构、市场格局与经济增长产生巨大影响。

第一，为企业数字化转型与业务创新提供理论指导。研究数字经济和实体经济深度融合的机理与路径，可以为企业选择数字技术、构建新产品与新业态、创新商业模式等提供参考。这有助于企业实现管理升级与产业链重构，在数字经济时代抢占先机。

第二，为政府制定产业政策提供理论基础与决策支持。研究数字经济与实体经济融合发展规律，可以为政府制定数字经济发展战略、产业结构调整政策、技术创新政策等提供理论依据，有利于政府引导数字经济与实体经济融合发展，推动产业转型升级。

第三，促进数字经济和实体经济的耦合发展。从实践来看，数字经济能为实体经济提供新的科学技术知识支撑和生产组织形式重构，实体经济则能为数字经济提供应用市场和大数据来源。推动互联网、大数据、人工智能等同各产业深度融合，进一步促进实体经济提质增效升级和整体经济实现高质量发展。

第四，推动数字经济与实体经济融合的区域协调发展。不同地区在发展数字经济与实体经济融合度上存在差异，研究其发展规律可以指导各地制定针对性的发展战略。这有利于发挥各区域比较优势，推动区域经济平衡发展。

第二节 基本概念和内涵

近年来，由于数字技术的发展，经济社会模式正在持续变化，从传统经济社会到新兴网络经济社会，再到数字经济社会，数字技术都在持续地推动着社会经济的变革、演进与创新，产生了一些新概念。

一、数字经济

1962 年，美国经济学家弗里茨·马克卢普（Fritz Machlup）首次提出"信息经济"，标志着数字经济的开端。随着科学技术不断发展以及 IT 技术的普及，信息经济模式也在加速演进，一种围绕数字技术发展的经济新模式，即"数字经济"新概念正在逐步形成。

20 世纪末期，"数字经济之父"唐·塔斯考特（Don Tapscott）在《数据时代的经济学：对网络智能时代机遇和风险的再思考》一书中，首次将"数字经济"作为一个全新的概念和理论框架提出，并指出信息与通信技术的普及将会极大地改变全球的经济活动状况。[①] 自 21 世纪初，互联网的快速普及使数字经济成为一种新兴的、具有深远影响力的商业模式。同时，互联网的出现使信息传输的效率大大提高，并且能够更好地支持商业活动，从而推动社会的变革。

随着最先进的信息技术，如大数据、云计算和区块链不断地被整合和改进，使其具有极强的渗透和传播能力，催生出各种各样的新型经济

---

① Tapscott, D., *The Digital Economy*: *Promise and Peril in the Age of Networked Intelligence*, New York: McGraw-Hill, 1996.

模式，从而推动着经济的快速发展。当前，很多研究者主要聚焦于三个方向来解释数字经济的概念：一是将数字经济局限在物理层面，仅定义为信息通信基础设施，或者拓展为信息的数字化，这种观点在数字经济概念普及之初便迅速崛起，成为一种日益受到关注的现象，并且不断推动其理论的演进与深化。二是着重从经济层面厘清数字经济的概念，更加关注如何将数字经济转换成一种可以有效地提升企业效率的模式，以及如何更好地满足消费者的需求，如何更好地促进企业的可持续增长。三是通过深入研究，从数字经济对经济社会的影响角度更好地理解数字经济的内涵，具体包括信息的流通、资源的共享、企业的协同，以及各种各样的参与方。这种概念的出现，将推进科学的进步，促进企业创新，推进全球竞争力发展，并且将深刻地改变经济社会的未来发展模式[①]。

可见，数字经济无疑是当今最先进、最具颠覆性的、最能够产生长久影响的新兴经济形态，它的基础构成是数据资源，核心驱动力是现代信息网络，同时需要大量的信息通信技术的整合和运用，以及完整的数字化转换和多种创新思维，这些因素共同构成了数字经济的完整框架，与此相关的一系列经济活动都属于数字经济范畴。

二、实体经济

目前，学术界尚未就实体经济做出一个明确的定义，还没有一个完

---

① Goldfarb, Avi, and Tucker, C., "Digital Economics," *Journal of Economic Literature*, Vol.57, No.1, Mar. 2019. 徐翔、赵墨非：《数据资本与经济增长路径》，《经济研究》2020 年第 10 期。

整的、严格的经济学概念。传统观点认为，实体经济就是经济领域内纺织加工、机械制造、交通运输、种植养殖等关系到国计民生的部分。次贷危机后，美联储经常使用"实体经济"（real economy）一词，指代包括第一产业全部，第二产业的制造业，第三产业的进出口、零售销售等部分但去除房地产市场和金融市场部分的经济。黄群慧（2017）在研究中概括出了实体经济分类框架，其中，第一层的实体经济仅指制造业；第二层的实体经济则定义为除服务业以外的其他行业；第三层的实体经济则是指除金融业和房地产业以外的其他行业。[①]

一般而言，实体经济涉及以劳动力、知识、技术为基础的各种形式的商业行为，包括物质的、精神的产品和服务的生产与流通等经济活动。覆盖范围很广，包括农业、工业、商业、服务业、建筑业、交通业和通信业等物质生产部门，以及教育、文化、信息、艺术、体育等精神生产（服务）部门。实体经济是以物质实体为基础，以人的需求为导向，利用工具、知识和技术通过生产和流通实现价值创造的经济形态。

三、数实融合

随着信息技术的不断进步，数据作为经济的重要组成部分，逐渐成为连接实体经济和数字经济的桥梁。[②]大量的数据收集，用户的日常活动、企业的业务活动、社会关系的变迁，以及各种各样的信息，都在不

[①] 黄群慧：《论新时期中国实体经济的发展》，《中国工业经济》2017年第9期。

[②] Xu, G., Lu, T., Liu, Y., "Symmetric Reciprocal Symbiosis Mode of China's Digital Economy and Real Economy Based on the Logistic Model", *Symmetry*, Vol.13, Jul. 2021.

断积累，形成一种大量的、可持续的、可预测的信息，这些信息不仅构建起一个完整的、可以改变未来的数据信息系统，而且也将在未来的社会中起着重要的作用。因此，数据作为一种新的生产资料，被认为是土地、劳动、资本、知识、技术和管理之后的生产要素。[①] 而随着数据这种"关键生产要素"的发展[②]，数字经济也形成一种独特的经济形态。在数字世界里，数据就是将数字经济和现实世界紧密结合的重要纽带。

随着科学技术的发展，数字经济已经蓬勃发展到一个前所未有的水平，促进跨越时空、跨越地域、跨越文化、跨越社会的融合。数实融合的本质是通过产业实体和产业数据的结合和优化，催生新技术、新产品、新业态和新模式，重塑经济生产方式、服务模式与组织形态。[③]

数实融合一般有三种形式：（1）人与物的互联性。随着现代互联网技术的发展，人们可以轻松地将自己和电子设备连接起来，实现信息的实时传输和共享，其中最具代表性的是物联网（Internet of Things，IoT）技术、众包平台、在线社区等。（2）数据赋能。企业可以对互联网产生的大数据进行一定的处理，生成自己特有的数据体系，再利用大数据挖掘等现代数字技术为企业所用，促进企业创新。（3）协调与决策。数据

---

① 吴瑶、肖静华、谢康：《基于大数据合作资产的适应性创新——数字经济的创新逻辑（二）》，《北京交通大学学报（社会科学版）》2020年第2期。

② 赵剑波：《推动新一代信息技术与实体经济融合发展：基于智能制造视角》，《科学学与科学技术管理》2020年第3期。

③ Zhan, Y., Tan, K. H., Ji, G., Chung, L. and Tseng, M., "A Big Data Framework for Facilitating Product Innovation Processes", *Business Process Management Journal*, Vol.23, Jun. 2017.

已经成为一种新型生产要素，通过现代数字技术对数据进行处理，使企业对行业趋势更敏感，同时也能帮助企业提高决策效率。

数实融合不能单独关注某一层面，而是要全方位、多角度对二者融合进行整体分析与研究。数实融合主要涉及三个层面：（1）产品层。实体经济尤其是制造业聚焦于如何在产品层面上进行技术创新，实现数字技术与产品的具体融合；（2）企业层。在该层面下不再聚焦于具体细节，而是关注数字化对企业带来哪些影响，对企业的效率、竞争力和创新力等能否带来积极的正面反馈；（3）产业层。在该层面下，更加关注的是产业如何借助数字技术来进行结构调整、改良与升级。①

第三节　文献综述

数字经济的蓬勃发展，吸引了全球顶级学者的目光，他们聚焦于探讨数字经济的发展模式、主要特征和内在机理，并进一步研究数字经济和实体经济的融合发展模式，取得了丰富的成果。

一、数字经济概念和测度方法的演化

（一）数字经济的概念及内涵

数字经济概念最早由唐·塔斯考特（Don Tapscott，1996）提出，并在其著作中详细阐述了数字经济在各个方面的情况。② 近年来，现代

---

① 陈曦：《推动数字经济与实体经济深度融合：理论探析与实践创新》，《人民论坛·学术前沿》2022年第24期。

② Tapscott，D.，*The Digital Economy：Promise and Peril in the Age of Networked Intelligence*，New York：McGraw-Hill，1996.

信息技术的普及应用，使人们对数字经济的概念、内涵和范围的界定产生了新变化。目前，政府、学术界、产业界等对数字经济展开了深入讨论，但是学术界和政府机构目前对数字经济的定义都尚未形成共识，主要可以分为以下几个方面。

第一，侧重信息技术和数字技术的使用，将数字经济视为一种广义的数字技术集群。例如，克林和兰姆波（Kling & Lamb，1999）认为数字经济是产品和服务的生产、销售、供应等环节均直接依赖于数字技术的经济。[①] 这一定义偏向于技术应用导向，着眼于数字技术对经济发展模式和产业格局的变革。

第二，侧重强调其组成部分，通过描述并测量数字经济的组成部分来认识数字经济。布赫特和希克斯（Bukht & Heeks，2017）指出，数字经济包含三个层次：基础层次指以生产数字技术与相关基础服务的信息通信技术（ICT）部门，包括软件制造、信息服务与数字内容产业；狭义的数字经济涵盖信息通信技术（ICT）生产部门和基于信息通信技术（ICT）产生的新商业模式，如平台经济与共享经济；广义的数字经济，即所有基于数字技术的经济活动，除狭义的数字经济外，还包括精准农业、工业 4.0 与电子商务等。[②] 这些定义从产业和技术应用角度理解数字经济，将其区分为基础设施、新兴商业模式与经济活动等，强调数字

[①]　Kling，R. and Lamb，R.，"IT and Organizational Change in Digital Economies: a Socio-Technical Approach"，*SIGCAS Comput. Soc.*，Vol.29，Sept. 1999.

[②]　Bukht，R. and Heeks，R.，"Defining，Conceptualizing and Measuring the Digital Economy"，*International Organisations Research Journal*，Vol.13，Sept. 2017.

技术对产业变革与生产要素重组的推动作用。[1]

第三，将数字经济视为一种经济活动，强调数字经济对传统产业、商业模式和价值链的颠覆与重构作用。《G20 数字经济发展与合作倡议》指出，数字经济是指以使用数字化的知识和信息作为关键生产要素、以现代信息网络作为重要载体、以信息通信技术的有效使用作为效率提升和经济结构优化重要推动力的一系列经济活动。[2] 许宪春和张美慧（2020）提出，数字经济是指依托数字化、信息化和智能化的平台，以数字技术为基石，利用数字基础设施开展的经济活动，是数字技术在国民经济各个层面融合的重要产物。[3] 国家统计局发布了《数字经济及其核心产业统计分类（2021）》，对数字经济的概念、内涵及类型做出了更加清晰的界定，从生产要素、载体、经济结构等层面对数字经济做出明确定义，将数字经济细分为数字产品制造业、数字产品服务业、数字技术应用业、数字要素驱动业和数字化效率提升业等。[4]

第四，从数字经济的要素、基础、路径等各方面详细定义数字经济。中国信息通信研究院在《中国数字经济发展白皮书（2017 年）》中，将数字经济定义为以数字化的知识和信息为关键生产要素，以数字

---

[1] Jolliff, W. and Nicholson, J. R., "Measuring the Digital Economy: An Update Incorporating Data from the 2018 Comprehensive Update of the Industry Economic Accounts", *US Bureau of Economic Analysis*, Apr. 2019.

[2] 《二十国集团数字经济发展与合作倡议》，G20 官网，2016 年 9 月 20 日。

[3] 许宪春、张美慧：《中国数字经济规模测算研究——基于国际比较的视角》，《中国工业经济》2020 年第 5 期。

[4] 《数字经济及其核心产业统计分类（2021）》，国家统计局，2021 年 5 月 27 日。

技术创新为核心驱动力，以现代信息网络为重要载体，通过数字技术与实体经济深度融合，使传统产业实现数字化和智能化，加速重构经济发展与政府治理模式的新型经济形态。[①] 陈静和左鹏飞（2021）认为，数字经济不同于农业经济和工业经济，它是以数据为核心生产要素，在新一代信息技术支撑下，数据要素与传统生产要素之间实现紧密互联、高效协同和虚实交融，驱动各类产业实现数字化、信息化、智能化的转型升级，从根本上重构经济结构，实现从量变到质变的转化。[②]

（二）数字经济的测度

数字经济的测度从研究方法上可分为三类：一是使用增加值测度，二是通过构建指标体系多维度测度数字经济，三是通过构建卫星账户对数字经济进行测度。

1. 增加值测度方法

目前，数字经济规模的测度较多采用增加值法。国际上，经济合作与发展组织（OECD，2017）使用数字媒体和电子商务的增加值评估数字经济规模。[③] 美国经济分析局（BEA，2019）对美国数字经济规模进行了全面测度，统计了数字产业的增加值、指数等指标。[④]

[①]《中国数字经济发展白皮书（2017 年）》，中国信息通信研究院，2017 年 7 月。

[②] 陈静、左鹏飞：《高质量发展视角下的数字经济与经济增长》，《财经问题研究》2021 年第 9 期。

[③] OECD："Measuring Digital Trade：Towards a Conceptual Framework"，https://unctad.org/system/files/non-official-document/dtl_eWeek2017c04-oecd_en.pdf.

[④] Jolliff，W. and Nicholson，J. R.，"Measuring the Digital Economy：An Update Incorporating Data from the 2018 Comprehensive Update of the Industry Economic Accounts"，US Bureau of Economic Analysis，Apr. 2019.

相较于国外，受限于数字技术发展速度，国内对于数字经济规模的测度也较晚，并且在测度方法上存在较大差异，得到的测算结果不尽相同。康铁祥（2008）最早对国内数字经济的规模进行系统性测度，对数字产业和辅助性服务产业的增加值进行了加总，但受限于研究方法和数据获得，得出的结论不够精确。[①]伏霖等（2020）则直接将各类基础行业的增加值进行加总，同时计算融合产业的边际贡献率，测算数字经济规模。[②]《中国数字经济发展白皮书（2020）》结合增长核算框架模型，通过分析计算各行业的资本存量增加值，对数字经济进行了测算。

2. 指标体系测度方法

在国际上，一些国际组织和机构运用不同的指标体系对数字经济的发展进行测度。世界经济论坛（WEF，2016）从环境、准备度、应用和影响四个维度，通过测算网络准备度来表征数字经济发展程度。[③]经合组织（OECD，2014）从创新能力、赋权社会等维度评估数字经济发展水平。[④]

在国内，关于数字经济相关指数体系的研究起步较晚，但近年来各大研究机构纷纷从不同视角对数字经济进行测度。中国信息通信研究

---

① 康铁祥：《中国数字经济规模测算研究》，《当代财经》2008 年第 3 期。

② 伏霖、金星晔、李涛：《数字经济规模核算的框架、方法与特点》，《经济社会体制比较》2020 年第 4 期。

③ World Economic Forum："The Global Information Technology Report 2016"，https://www3.weforum.org/docs/GITR2016/WEF_GITR_Full_Report.pdf.

④ OECD，"Measuring the Digital Economy：A New Perspective"，https：//www.oecd.org/dev/Measuring-the-digital-economy-a-new-perspective-2014.pdf.

院、赛迪顾问和上海社会科学院等机构陆续发布数字经济指数、数字经济竞争力指数等，具有较强创新性和影响力。《数字经济白皮书》对数字经济测度的体系从数字产业化和产业数字化的"两化"框架逐渐扩充至数字化治理和数据价值化。

除此之外，很多学者也在构建不同的数字经济发展综合指标和质量评价体系。由于关注重点以及数据获取的渠道不同，具体指标体系存在差异，但通常涵盖数字经济内涵、发展基础、经济应用程度、规模效益、研发水平、要素投入等。部分学者选取数字基础设施水平、数字技术应用和数字经济生产服务或近似指标构建一级指标[1]；部分学者纳入了数字信息产业发展、科技创新能力或近似指标。[2]彭影（2022）从人才、资本、技术、数据和制度环境五个方面构建指标体系，研究了数字经济产业结构调整与创新要素配置关系。[3]白雪洁等（2021）建立了数字经济的评估指数，并探讨了数字经济是否能够促进中国的产业结构转变。[4]

3. 卫星账户测度方法

数字经济卫星账户测度（DESA）是将数字经济的测度纳入国民

[1] 焦帅涛、孙秋碧：《我国数字经济发展测度及其影响因素研究》，《调研世界》2021年第7期。
[2] 肖远飞、周萍萍：《数字经济、产业升级与高质量发展——基于中介效应和面板门槛效应实证研究》，《重庆理工大学学报（社会科学）》2021年第3期。
[3] 彭影：《数字经济下创新要素综合配置与产业结构调整》，《当代经济管理》2022年第3期。
[4] 白雪洁、李琳、廖赛男、宋培：《数字经济能否推动中国产业结构转型？——基于效率型技术进步视角》，《西安交通大学学报（社会科学版）》2021年第6期。

经济核算体系的测度方法。2008 版国民账户体系（System of National Account，SNA）建议对新兴领域和产业通过建立卫星账户进行核算和测度，因此一些机构和学者开始尝试构建数字经济卫星账户。经合组织（OECD，2016）对数字经济的内涵进行了界定，并且构建了数字经济卫星账户框架。① 借鉴经合组织（OECD）提出的数字经济卫星账户框架，国内学者开始探索研究我国数字经济卫星账户的编制，从数字经济概念和内涵出发，围绕数字交易和数字信息技术的特征，构建数字经济卫星账户，利用数字经济适用表衡量我国数字经济发展现状及对实体经济的贡献度。②

向书坚和吴文君（2019）从生产与收入分配两个方面测算数字经济发展规模，并结合卫星账户理论，选择合适的指标体系，尝试构建中国数字经济卫星账户框架。③ 罗良清等（2021）在对已有数字经济核算方法比较后，结合数字经济融合赋能实体经济的特征及二者的相互作用关系，构建中国数字经济卫星账户的基础框架。④

建立数字经济核算框架和指标体系，能够准确测度数字经济规模与

① OECD, "Ministerial Meeting on the Digital Economy: Innovation, Growth and social Prosperity", https://www.internetsociety.org/wp-content/uploads/2017/08/bp-OECD2016-20160607-en.pdf.

② 杨仲山、张美慧：《数字经济卫星账户：国际经验及中国编制方案的设计》，《统计研究》2019 年第 5 期。

③ 吴文君、向书坚：《中国数字经济卫星账户框架设计研究》，《统计研究》2019 年第 10 期。

④ 罗良清、平卫英、张雨露：《基于融合视角的中国数字经济卫星账户编制研究》，《统计研究》2021 年第 1 期。

贡献，把握发展趋势。根据已有研究，框架应涵盖数字基础设施、平台、产品与服务等方面，同时考虑人才、数据、资金等要素，准确反映数字经济发展全貌。在框架指导下，便于政府及相关研究机构研发数字经济核算方法与模型，编制数字经济表，测算数字经济规模、增长率和行业贡献率等，评估数字经济环境与影响，并基于这些工作推动数字经济统计立法与标准化建设。

二、数字经济与实体经济的融合发展

（一）数字经济与实体经济融合的模式

对于数字经济和实体经济融合的内涵，学术界和实务界的看法较为一致，认为主要是指产业数字化，表现在第一、二、三产业的数字化转型和产业结构升级。而深度融合的含义，主要是指产业数字化从点、线、面向全生态、全产业链渗透和延伸，即在技术、企业和产业层面利用数据要素与数字技术的推动作用，构建数字经济与实体经济深度融合的生态系统。

根据已有研究总结，促进数字经济和实体经济深度融合主要包含三个方面内容。

第一，提升数字产业发展水平。数字产业是基于数字技术和数据要素形成的经济活动，具有高创新性、强渗透性、先导性和广覆盖性等特点。[①] 数字产业的发展涉及数字技术、数字经济、数字化治理、数字共

---

① 杜庆昊：《数字产业化和产业数字化的生成逻辑及主要路径》，《经济体制改革》2021 年第 5 期。

享等多个方面，应遵循信息增值模式和产业数字化融合驱动模式，以信息化为基础，以数字化为目标，以共性技术为重点，以数据整合为核心，以平台赋能为手段，促进数字产业焕发新活力，通过市场化和资本化规范数字产业发展，提高数字产业生产效率与发展质量，努力实现数字产业在全产业链上的均衡发展。[1] 此外，数字技术能够依托其渗透性和融合性的特征，对非数字部门产生积极影响，提升经济生产和价值创造能力。[2]

第二，促进传统产业数字化改造。在数字经济的"两化"中，数字产业化的发展空间存在制约，其规模和比重的增长速度都比较慢，而与实体经济紧密结合的产业数字化，其扩展的深度和空间都很大。通过对传统产业实施数字化改造，将扩大产业投资，推动产业升级，提高产业核心竞争力，带动新业态产生，形成新的经济增长点，优化产业结构，提高国民经济活力，促进高质量发展。[3] 只有将新一代数字技术运用到实体经济中，才能够充分发挥其价值，提高实体经济的资源配置效率，驱动社会生产要素实现联动协调、融合创新，促进产业变革，解决传统产业面临的要素成本上升与就业结构性矛盾。

---

[1] 蔡跃洲、牛新星：《中国数字经济增加值规模测算及结构分析》，《中国社会科学》2021 年第 11 期。

[2] 戚聿东、肖旭：《产业数字化转型的价值维度与理论逻辑》，《改革》2019 年第 8 期。

[3] 洪银兴、任保平：《数字经济与实体经济深度融合的内涵和途径》，《中国工业经济》2023 年第 2 期。

　　第三，促进数字经济赋能实体经济。数字经济赋能实体经济的核心内容，是让数字技术和数据要素在实体经济的每个层面都实现高度渗透和扩散，通过数据要素与数字技术两个方面联合作用实现实体经济的数字化转型。数字经济从研发、生产制造、流通等各个环节对实体经济赋能，使数字技术和数据要素深入实体经济全过程。具体表现为：一是数字经济赋能企业优化。通过合理运用数字技术、将数据要素纳入生产要素体系内，企业的资源配置、生产设计、制造、流通、消费等各个环节将得到改造升级，优化生产和管理流程，提升生产与经营的效率并降低成本。[①] 二是数字经济赋能产业升级。数字技术推动产业向智能化、自动化、数字化方向发展升级，有助于提升生产效率、优化供应链管理，进而促进实体经济持续健康发展。[②] 三是数字经济赋能技术创新。数字经济与实体经济融合的最终产物和高级形态是创新 [③]，这种创新表现在多层面，将数据要素融入实体经济，通过运用云计算、大数据、人工智能、5G 和物联网等数字技术完善和优化实体经济的全生命周期和全产业链。[④]

---

① 曹修琴、刘艳霞、祁怀锦：《数字经济对公司治理的影响——基于信息不对称和管理者非理性行为视角》,《改革》2020 年第 4 期。

② 陈晓东、刘洋：《中国数字经济发展对产业结构升级的影响》,《经济与管理研究》2021 年第 8 期。

③ 陈曦：《推动数字经济与实体经济深度融合：理论探析与实践创新》,《人民论坛·学术前沿》2022 年第 24 期。

④ 陆岷峰：《新格局下强化数字技术与实体经济融合发展路径研究》,《青海社会科学》2022 年第 1 期。

（二）数字经济与实体经济的互动关系

现有文献普遍认为，数字经济应融入而不是取代实体经济，实体经济是数字经济的基础，数字经济是实体经济的动力源泉，数字经济与实体经济之间存在着深层次的互动关系。

实体经济为数字经济发展提供了内容基础、场景支撑和商业需求等，而数字经济依托技术创新为实体经济带来工具赋能、生产要素重构和产业变革等，两者相互依存、互为基础，通过不断互动实现融合发展。闫德利（2018）认为数字经济是一种融合性经济，是数字技术与传统行业深度融合的产物，主体仍然是实体经济。[①]

已有研究普遍认为数字经济与实体经济的关系是协同发展、互相融合。一是数字经济是实体经济发展的新动力。各种数字技术的广泛应用，为实体产业带来生产力的提高和管理水平的优化，数字技术的广泛应用推动了企业数字化转型、产业结构升级和产业链条延伸，重塑了实体产业的生产方式、组织方式和管理模式，催生了新业态和新模式，为实体经济的发展注入了新动能。[②]田秀娟和李睿（2022）基于熊彼特内生增长理论，分析了数字技术对实体经济转型的影响，发现数字技术与生产部门的集成整合有利于产业结构优化调整、推动经济高质量发展，数字技术与金融部门的深度融合能促进产业结构转型升级，加快经济增

[①] 闫德利：《数字经济是融合性经济，其主体属于实体经济》，《中国信息化》2018年第 6 期。

[②] 车帅、李治国、王杰：《数字经济发展与产业结构转型升级——基于中国 275 个城市的异质性检验》，《广东财经大学学报》2021 年第 51 期。

长动能转换。① 戚聿东和褚席（2021）基于经济结构转型的视角，发现数字经济与实体经济深度融合能带来发展方式转变、产业结构优化、增长动能转换，是跨越中等收入陷阱的关键。②

二是实体经济为数字经济的发展奠定了坚实的基础。实体产业和实体交易活动产生大量数据，为数字产业创新提供基本素材；实体企业和个人的广泛参与，构建出数字经济运行的用户场景与商业基础；实体消费与实体投资带来的经济增长也为数字经济发展创造需求，这三个方面使得数字经济紧密依附实体经济而发展。数字经济依托实体产业及其数据在线下场景中开展业务和获取利润增长点，实体经济为数字经济提供了数字技术发展的物质支持、环境保障等；同时，实体经济的高质量发展对数字经济也具有激励作用，为数字经济带来良好的资源禀赋、创新人才、基础设施、贸易开放度等。③

（三）数字经济对实体经济的影响

已有研究主要从企业、产业和宏观经济三个方面探讨数字经济对实体经济的影响效应。

1. 企业数字化转型

在经济发展中，企业是不可缺失的微观主体，数字经济对实体经济

---

① 李睿、田秀娟：《数字技术赋能实体经济转型发展——基于熊彼特内生增长理论的分析框架》，《管理世界》2022年第5期。

② 戚聿东、褚席：《数字经济发展、经济结构转型与跨越中等收入陷阱》，《财经研究》2021年第7期。

③ 焦帅涛、孙秋碧：《我国数字经济发展测度及其影响因素研究》，《调研世界》2021年第7期。

的影响在微观层面上体现为企业数字化转型。关于企业数字化转型的研究主要集中在以下三个方面。

一是对于企业数字化转型的内涵界定。一些学者对于企业数字化的定义侧重于转型升级，认为企业以数字技术为核心进行重大业务转型或商业模式变革就是进行数字化转型。[①] 企业在进入数字化轨道时，必须转变原有的管理思维逻辑，打破在传统工业化体制下的路径依赖[②]，各类经济组织要充分运用数字技术，寻找改变自身价值创造和实现的途径。[③] 也有一些学者从数字技术与生产环节融合视角界定企业数字化，认为数字化转型过程本质是企业将数字技术广泛应用到企业生产制造、技术更替、运营管理、市场销售等多个环节[④]，引入并融合数字技术，对研发、生产、销售和管理等各个环节进行数字化。[⑤] 陈庆江等（2021）则认为，企业数字化转型的实质是利用数据流对传统生产要素（劳动力、资金或资本、生产资料等）的配置进行优化，从而实现企业间信息

[①] Legner, C., Eymann, T. and Hess, T., "Digitalization: Opportunity and Challenge for the Business and Information Systems Engineering Community", *Business & Information Systems Engineering*, Vol.59, Jul. 2017.

[②] 陈剑、黄朔、刘运辉：《从赋能到使能——数字化环境下的企业运营管理》，《管理世界》2020年第2期。

[③] Vial, G., 2019, "Understanding Digital Transformation: A Review and a Research Agenda", *The Journal of Strategic Information Systems*, Vol.28, Jun. 2019.

[④] 林汉川、刘淑春、闫津臣、张思雪：《企业管理数字化变革能提升投入产出效率吗》，《管理世界》2021年第5期。

[⑤] 蔡呈伟、戚聿东：《数字化对制造业企业绩效的多重影响及其机理研究》，《学习与探索》2020年第7期。

实时共享和高效资源配置，提升重点企业数字化转型水平。[①]

二是企业数字化转型对企业生产模式的影响。在微观层面上，数字经济充分融合和发挥规模经济和范围经济的作用，从而改变传统企业依赖产品与服务的获利模式。学界内普遍认同数字经济能够促进企业生产效率提升。一方面，数字技术的共享、开放等特征能够在一定程度上缓解经济活动中的信息不对称，显著降低经济中的搜寻成本、复制成本、运输成本、追踪成本和验证成本，并且借助数字信息技术，企业数字化转型能够强化数据流通的有效性，提升资源配置效率。数字经济利用技术的创新发展和赋能优势，使传统产业的生产过程趋向网络化、协同化和生态化，重塑企业传统的生产制造模式，有效促进企业发展。另一方面，企业数字化转型能够促进技术创新。数字经济能够提升企业的创新速度和创新能力，倒逼企业进行产品和服务的创新升级。数字经济的强渗透性打破了信息传递的壁垒，降低了交易成本，开拓了新的市场与业态，企业更愿意吸收新业态与新模式下的创新知识，并在此基础上重组赋能，形成支持企业不断进行技术、产品、服务等层面创新的生态系统。同时，不断完善的数字化发展环境与政策治理体系，推动了区域创新要素与资源的聚集，在人才、资金、税收等方面为企业的创新发展提供保障和支持，有利于促进企业创新效率与创新质量的提升。

三是企业数字化转型对管理模式的影响。数字技术不仅能够降低信

---

① 陈庆江、万茂丰、王彦萌：《企业数字化转型的同群效应及其影响因素研究》，《管理学报》2021年第5期。

息不对称进而降低企业生产交易成本，也能够提高公司治理水平。① 在数字经济背景下，企业组织环境由静态向动态转型，企业内部管理模式也在不断变革，表现为组织结构的网络化和扁平化，市场营销模式向精准化和精细化演变，生产模式向模块化和柔性化转变，产品设计向版本化和迭代化发展，研发模式向开放化和开源化迈进，雇佣模式向多元化、弹性化发展，而企业的数字化分工也促使着企业管理模式和平台向数字平台生态系统融合。②

2. 产业结构升级与创新

在数字经济持续快速发展的背景下，越来越多的学者开始关注数字经济对产业结构的影响，研究视角主要集中在数字经济促进产业优化升级和产业创新发展。

一些研究表明，数字经济的发展对产业结构的升级具有显著的助推作用。③ 从数字产业化角度来看，数字信息产业能够通过与其他产业之间的联动效应、溢出效应和扩散效应推动产业结构升级④，但是现阶段信息通信产业与产业结构之间的协同发展程度不高，仍存在较大的发展

---

① 曹修琴、刘艳霞、祁怀锦：《数字经济对公司治理的影响——基于信息不对称和管理者非理性行为视角》，《改革》2020 年第 4 期。

② 戚聿东、肖旭：《数字经济时代的企业管理变革》，《管理世界》2020 年第 6 期。

③ 陈晓东、刘洋：《中国数字经济发展对产业结构升级的影响》，《经济与管理研究》2021 年第 8 期。

④ Heo，P. S. and Lee，D. H.，"Evolution of the Linkage Structure of ICT Industry and Its Role in the Economic System：the Case of Korea"，*Information Technology for Development*，Vol.25，Jul. 2019.

和提升空间。① 从产业数字化角度来看，数字技术与传统产业结合带来显著的产业结构升级。传统产业数字化能够提高向消费者供给使用价值的效率，提高产业的生产效率，进而推动产业结构的调整和优化。② 相较于农业和服务业，数字经济对于制造业产业的影响更为显著，数字经济通过破解创新链瓶颈、提升制造链质量、优化供应链效率、拓展服务链空间四个方面驱动制造转型升级。

数字经济对产业的创新发展主要集中在制造业、流通业以及文化知识产业等领域。"互联网＋"不仅可以有效推动我国制造业产业向高度化和合理化转型，也能够提升制造业的自主创新能力。③ 数字技术改变了零售供需的媒介机制，推动零售业数字化转型与发展，而消费思维的转变也推动了商业模式和产业创新。④ 除此之外，在文化产业的发展中数字经济也成为文化产业发展的新动能、文化消费新的增长点和推动文化领域供给侧结构性改革的重要抓手，数字经济能够推动传统文化产业转型升级，新技术从消费端向生产端渗透，实现产业全要素升级，并催生出文创发展的新业态、新模式。⑤

---

① 郭美晨：《ICT 产业与产业结构优化升级的关系研究——基于灰关联熵模型的分析》，《经济问题探索》2019 年第 4 期。

② 戚聿东、肖旭：《产业数字化转型的价值维度与理论逻辑》，《改革》2019 年第 8 期。

③ 李连燕、王可：《"互联网＋"对中国制造业发展影响的实证研究》，《数量经济技术经济研究》2018 年第 6 期。

④ 王明雁、祝合良：《消费思维转变驱动下的商业模式创新——基于互联网经济的分析》，《商业研究》2017 年第 9 期。

⑤ 范周：《数字经济变革中的文化产业创新与发展》，《深圳大学学报（人文社会科学版）》2020 年第 1 期。

3. 促进经济高质量发展

从宏观角度看，数字经济能够促进经济的高质量发展。经济高质量发展在宏观层面上意味着稳定的经济增长，均衡协调的区域和城乡发展，以创新为动力实现绿色发展和生态发展，让经济发展成果更多更公平惠及全体人民。① 数字经济以技术和数据为关键要素，作为继农业经济、工业经济之后的主要经济形态，正成为中国经济高质量发展最为重要的推动力。现有研究主要集中在以下方面。

第一，数字经济与经济增长。多数研究基于经济增长理论，认为数据等信息要素与原有生产要素的结合会提升原有生产要素的效率和质量②，提高原有生产要素的边际报酬增长速率，进而促进社会经济增长。③ 数字技术在实体经济中的应用与赋能能够提升创新能力、推动产业结构优化、提高全要素生产率，为经济增长提供增长点和新动能。整体来看，数字经济促进经济增长的机制和路径主要分为以下几个方面：一是数据作为新的生产要素，信息传递、技术创新和知识扩散等对经济增长产生直接影响及溢出效应；二是数字经济促进了产业结构的升级优化，数字技术与传统产业深度融合，借助数字科技具有的扩散效应技

---

① 邓洲、史丹、赵剑波：《高质量发展的内涵研究》，《经济与管理研究》2019年第11期。
② 宁朝山：《数字经济、要素市场化与经济高质量发展》，《长白学刊》2021年第1期。
③ 陈晓红、李杨扬、宋丽洁、汪阳洁：《数字经济理论体系与研究展望》，《管理世界》2022年第2期。

术赋能，进而提升了经济的增长效率；三是数字经济发展使供给和需求关系发生了改变，加速生产与消费的精准对接，或实现产业链一体化整合，从而提升经济发展质量。丁志帆（2020）认为数字经济能降低成本减少投入，使得资源的利用率大幅提升，有效驱动经济高质量发展。[①]陈静和左鹏飞（2021）从经济运行系统、经济效率、经济创新力等三个维度分析了数字经济对中国经济增长的冲击。[②]荆文君（2019）从微观和宏观两个层面分析了数字经济促进实体经济高质量发展的可行性路径。[③]

第二，数字经济与协调发展。数字经济兼顾了公平与效率，是促进经济健康持续发展的关键。一些学者认为，数字经济能够形成辐射效应，促进区域和城乡的协调发展。数字经济的发展使得区域联系的深度和广度得到显著提升，实现了跨区域的高效率信息互联。[④]数字经济通过促进产业结构升级、提高市场化水平和改善劳动力资源配置等路径缩小区域发展差距，促进区域协调发展。[⑤]但也有学者认为，数字经济因

[①] 丁志帆：《数字经济驱动经济高质量发展的机制研究：一个理论分析框架》，《现代经济探讨》2020 年第 1 期。

[②] 陈静、左鹏飞：《高质量发展视角下的数字经济与经济增长》，《财经问题研究》2021 年第 9 期。

[③] 荆文君、孙宝文：《数字经济促进经济高质量发展：一个理论分析框架》，《经济学家》2019 年第 2 期。

[④] 宋洋：《经济发展质量理论视角下的数字经济与高质量发展》，《贵州社会科学》2019 年第 11 期。

[⑤] 郑明贵、钟文：《数字经济对区域协调发展的影响效应及作用机制》，《深圳大学学报（人文社会科学版）》2021 年第 4 期。

为数字鸿沟的存在扩大了区域发展的差距。对于经济发达地区而言，数字技术的发展与国家整体经济的发展形成了良性的协同发展关系，但是对于经济落后地区来说，经济的落后同数字通信技术的投入不足之间形成了恶性循环，数字鸿沟越来越大，区域经济发展缓慢，区域发展差距扩大。①

第三，数字经济与绿色低碳发展。数字经济的发展对于绿色发展存在显著影响，一些学者认同数字经济抑制了碳排放，呈现出环境改善效应；也有一些学者通过实证研究发现数字经济对碳排放的影响表现出非线性关系。陈静等（2022）发现，数字经济会先促进后抑制碳排放水平，呈现"倒 U 型"关系。此外，数字经济的快速发展带来了用电激增，导致当地碳排放上升。② 在微观层面上，数字技术能够促使企业增加对绿色低碳技术的研发和使用力度，提升要素的配置效率和资源的利用效率，从而减少了碳排放。③ 在中观层面上，数字技术推动了产业结构升级、产业转移、科技创新和服务业升级，进而降低了产业结构的碳排放强度。④ 在宏观层面上，数字经济对于城市碳排放的影响存在异质

---

① 金春枝、李伦：《我国互联网数字鸿沟空间分异格局研究》，《经济地理》2016 年第 8 期。

② 陈静、范天正、缪陆军、吕雁琴：《数字经济发展对碳排放的影响——基于 278 个地级市的面板数据分析》，《南方金融》2022 年第 2 期。

③ 焦豪：《双碳目标下国有企业数字化战略变革的模式、路径及保障机制研究》，《北京工商大学学报（社会科学版）》2022 年第 3 期。

④ 郭士伊、刘文强、赵卫东：《调整产业结构降低碳排放强度的国际比较及经验启示》，《中国工程科学》2021 年第 6 期。

性，对周边地区的碳排放也存在溢出效应。[①]

三、研究评述

国内外学者从不同视角对数实融合进行了广泛的研究，涉及数字经济的内涵、数实融合模式、数实互动关系、数字经济对实体经济的影响等内容，取得了较为丰富的成果。随着数字技术的快速发展，关于数实融合的研究逐渐成为国内外学者关注的热点问题。

根据现有研究状况，主要表现为如下两个特点。第一，针对数字经济的研究主要集中在内涵、测度和其影响效应方面。学者们从不同角度对数字经济进行定义，并概括其特点和发展趋势，研究数字经济对经济社会的影响效应。现有研究多数倾向于将数字经济与实体经济并行看待，探讨数字经济对于经济增长、产业结构、企业转型、收入分配等方面的作用，并探讨了作用的机制和影响因素，但是对于数字经济与实体经济融合发展的研究仍处在初期阶段。第二，针对数字经济与实体经济融合发展的研究主要集中在融合现状、发展趋势和融合路径。目前的研究主要停留在宏观层面，讨论两者融合的重要性与发展机遇，缺乏中微观层面的案例研究和分析框架构建。研究也更加倾向于技术和产业层面，而对经济社会各领域的融合影响研究不够深入。

虽然目前学术界在数实融合方面取得了一定的学术成果，但数字经济与实体经济融合的进程在加快，使学术研究滞后于现实经济的实践。

---

① 陈静、范天正、缪陆军、吕雁琴：《数字经济发展对碳排放的影响——基于278个地级市的面板数据分析》，《南方金融》2022年第2期。

现有研究不足之处主要集中以下方面。第一，从理论研究来看，现有理论较为分散，对数字经济与实体经济进行深度融合的理论研究未形成体系，对二者融合的内在规律和发展路径研究需要进一步深入。相关理论大多数集中于宏观领域，中微观层面的理论支撑不足，无法对促进数字经济与实体经济融合的实践提供系统性指导。第二，从研究领域来看，现有研究更多集中在技术领域和产业领域，对数字经济与实体经济融合带来的经济模式变革和社会组织变革的研究不够，社会学和管理学等研究角度较少，跨学科研究也较为欠缺。第三，从研究方法来看，现有研究更加倚重理论思辨和宏观分析，实证研究和案例分析相对不足，缺乏基于数据和案例的理论检验与提炼，定性研究较多，定量研究较少。

根据现有研究存在的特点和存在的不足，结合国家对于数字经济与实体经济深度融合的战略发展方向，未来研究方向主要集中在以下几个方面。

第一，构建数字经济与实体经济深度融合的理论框架和分析模型。探讨新技术如何重塑社会经济组织方式和交易方式，研究数据要素在生产、流通和消费环节的作用机制，构建产业数字化路径理论等，在已有经济学理论的基础上，明确数字经济背景下的经济学范式。

第二，构建数字经济与实体经济融合程度的测度评价体系。在经济发展、社会制度、生活服务、政务管理等方面选取指标构建测度评价体系，定量分析数字经济与实体经济融合程度，并需要基于新业态新模式的不断演变发展及时调整体系内的指标，构建一套完备、系统、权威的总体评价指标模型和反映区域、各行业的评价指标模型。

第三，基于数字经济与实体经济融合过程存在的问题，构建风险预警体系。数字经济发展过程中，存在数据安全与隐私保护问题、产业结构调整带来的就业问题、网络诈骗犯罪问题、反垄断与知识产权保护等问题，这些问题阻碍了数字经济与实体经济深入融合和发展，因此未来需要明确问题成因，并构建风险预警指标体系。

第四，结合案例分析与比较分析进行研究。加强数字经济与实体经济融合的案例研究和效果评估，通过具体案例分析新技术、新模式在实体产业中的运用，总结融合发展的成功经验和可复制模式。此外，采取全球视角研究数字经济与实体经济融合发展的国际比较，研究不同国家和地区的发展策略与经验，总结数字经济与实体经济融合发展的国际经验，为我国制定发展战略提供参考。

第二章

数实融合的理论基础

数据要素是人类社会步入数字文明时代的新产物，是继土地、劳动力、管理、技术和资本等之后的生产要素新形态，是优化生产资源高效配置、创造数字经济生产力、探索构建数字经济新型生产关系的新基因，更是促进数字经济和实体经济深度融合、推动经济高质量发展和构筑国际竞争新优势的新动能。数字经济与实体经济融合具有一定的理论基础，主要包括数据要素联动理论、产业组织理论、技术创新理论和发展范式理论等。

第一节　数据要素联动理论

生产要素是对经济活动中所投入的资源的统称概念，生产要素的增加数量和提高质量，能够带来生产规模的扩大和生产率的提高，从而促进经济增长。不同时期和不同国家，生产要素对经济增长的贡献存在差异，例如在农业经济时代，核心生产要素为土地，而工业经济时代，核心生产要素为资本与技术，到了数字经济时代，数据则成为促进经济增长的关键要素。

一、数据要素的支撑功能

目前，传统生产要素如劳动力、资本、土地等要素积累与更新速度放缓，这使得经济增长动力面临瓶颈，需要新的生产要素来持续赋能和激发活力。例如，劳动力增长减速和人口结构变化、资本深度积累面临投资边际效应递减等问题，需要新要素来释放传统要素的潜在生产力。由于数据具有极高的重复利用价值，可以无限利用而不衰减，成为一种具有几近零边际成本的生产要素，并且具有强大的网络效应，其价值随规模的扩大呈指数增长，能够克服传统生产要素的稀缺性和排他性，通过深度融合激发出更大的生产潜力与经济增值，因此数据成为核心生产要素。① 数据要素与传统生产要素相互渗透融合，能够打破信息壁垒，促进知识共享，降低交易成本，开拓新的市场与业态，提升传统生产要素促进经济增长的效率，创造新的经济增长点。②

数据作为新的生产要素，能够与其他生产要素形成协同联动机制，主要表现在以下五点。第一，数据要素激发劳动力活力。数据要素的广泛应用，释放了劳动力的生产潜力，提高了劳动力投入产出比，有利于提高劳动生产率和劳动力价值。第二，数据资源充实资本要素。数据资源通过驱动新技术研发与应用，不断丰富资本要素，提高资本使用效率，推动资本要素持续迭代升级，提高资本使用效益。第三，数据创新激活知识要素。数据应用催生新的技术、产品与商业模式，依托知识要素不断创新，推动知识更新迭代，不断丰富知识要素，推动知识更新与

①　胡贝贝、王胜光：《互联网时代的新生产函数》，《科学学研究》2017 年第 9 期。
②　蔡跃洲、马文君：《数据要素对高质量发展影响与数据流动制约》，《数量经济技术经济研究》2021 年第 3 期。

创新。第四，数据资源逐步成为关键生产要素。数据资源本身作为新型生产要素，直接作用于生产与管理过程，发挥重要作用，提高生产线效率与产品质量，数据资源的积累与应用，成为提高生产力和核心竞争力的战略要素。第五，多个生产要素联动增强数据生产力。生产要素的有机结合可以产生强大的协同效应，进一步激发数据生产力，生产要素的融合为数据赋能提供更广阔空间，推动数据生产力由量变到质变。因此，数据要素在现代生产体系中具有重要的战略地位与支撑作用。

二、数据要素联动的分层模型

王建冬和童楠楠（2020）基于传统生产要素理论和数据要素存在的特性，提出了数据与其他生产要素协同联动的机制理论，认为数据与其他生产要素联动可以分为三个层面：基础层、支撑层和整合层（图 2-1）①。

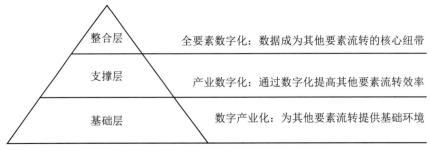

图 2-1　数据联动其他生产要素的分层模型

基础层主要指数字产业化，数据要素并不是作为独立的生产要素在生产活动中流通，而是基于各种支撑实体经济运行的数字化基础设

---

① 童楠楠、王建冬：《数字经济背景下数据与其他生产要素的协同联动机制研究》，《电子政务》2020 年第 3 期。

施。依赖数据中心、算力中心、网络云平台或智能终端等基础平台，为劳动、技术、资本等传统生产要素的流通与应用提供环境，完善数据采集、存储、计算、应用等基础设施，为生产要素流转提供重要支撑。各类数字平台搭建起要素交换与交易的网络，推动生产要素高效结合与优化配置，缓解企业交易时存在的信息不对称等问题，推动要素灵活流动。先进的网络技术将网络空间与物理空间有机结合，使得生产要素不受空间限制，实现广域流通。数据要素与其他生产要素联动的基础层是实现生产要素协同联动的重要支撑，在该层面不具有较强的产业附加值和辐射带动力量，但是通过数字产业化的发展，完善基础设施建设体系，能够为生产要素构建高效的流动环境，推动产业要素实现更加广泛与深入的流通，带来产业生态的深刻重塑。

支撑层主要指产业数字化，数据作为一种独立的生产要素参与经济生产的运行，传统的实体产业进行数字化改造能够提高产出和生产效率。数字技术能够提高信息采集、处理、传输与交换效率，加速信息在产业间及企业内部的流通，优化资源配置与协同，加速信息在产业链与价值链中的高效流转，优化企业的生产和管理流程。数据发挥着更为重要的作用，成为驱动产业转型升级的重要因素，正在取代劳动和资本成为领导经济生产的核心要素。在支撑层，数据成为联通不同产业、不同集群的核心要素，数据资源实现跨产业与全产业链流通，数据应用推动产业融合创新，数据平台实现不同主体高效连接，使得数据要素在现代经济体系中发挥联通各产业的核心作用，成为实现协同与发展的战略基础。数据作为重要的生产要素，促使传统产业实现数字化，并驱动第一、二、三产业之间实现业态融合，催生出新业态与新模式。

整合层主要指全要素数字化，数据主要通过对供给端和需求端的数字化改造，融入经济增长的模型。在整合层，数据能够实现对劳动、资本、技术等生产要素的全方位数字化、信息化和智能化改造，通过与其他要素深度融合，实现要素跨区域协作、优化资源配置、知识更新迭代、产业链上下游协同。新技术也不断丰富数据内涵，扩展数据应用空间，使得数据要素构建起其他要素高效流通的数字化环境，发挥要素流通的核心纽带作用，推动企业与产业数字化转型。在这一过程中，数据是连接不同要素的纽带，带来组织形式变革，产生协同创新，提高资源配置效率，加速不同要素链条跨行业跨区域进行成链、结盟、联网、解构，数据的广泛应用必将改变企业与产业的发展方式，带来运行机制的深刻重塑。在数字化过程中，使数据要素融入实体经济运行体系、联通各产业各集群、形成数字化智能化经济体系，重构了原有产业的组织生产结构和资源配置状态，形成新的经济增长点和发展极。

第二节　产业组织理论

数字经济的发展已经成为当今社会经济的重要趋势，产业组织理论为数字经济与实体经济融合发展提供了理论基础。产业组织理论以市场结构、市场行为和市场成果为主要研究对象，其研究目的在于揭示产业组织活动的内在规律性。基于产业组织理论，数字经济通过影响产业关联、产业竞争、产业聚集和产业融合四个方面来促进产业结构升级。

一、产业关联理论

产业关联是指一个产业的发展会带动与之相关联的其他产业的发展，从而形成一种产业间相互促进、相互关联的现象。这种现象可以体现在产业链的构成上，也可以体现在某些产业对于其他产业的依赖上。数字产业的发展使产业之间的关系变得更加紧密，同时对传统产业的数字化、智能化、信息化改造也使传统产业的上下游、不同产业之间存在跨产业关联。[①]

新型数字技术的运用，改变了各个行业原有以地理位置为依托建立的空间格局，深刻重塑产业关联方式与产业链条结构。数字经济时代下的传统产业，生产要素和生产环节不断进行重组和改造，产业间能够进行跨产业关联，新的产业关联将带来新的价值增长源泉与动力。[②]产业之间形成依存共生的发展关系，相互促进与共同进步，这种关系超越简单的上下游关联，呈现出动态调整与实时重构的特征。同时，数字平台正在重塑产品与服务的交付机制，连接供需双方与各相关产业，这进一步加强产业间的联系与相互作用，使得产业链条不再是简单的动力传递机制，而是通过数据与算法实现实时协同的网络系统。各产业通过数字平台连接，资源要素实现高度流动与灵活配置，增强了产业生态系统的

---

① 戚聿东、肖旭：《产业数字化转型的价值维度与理论逻辑》，《改革》2019 年第 8 期。

② 陈安霓、陈冬梅、王俐珍：《数字化与战略管理理论——回顾、挑战与展望》，《管理世界》2020 年第 5 期。

整体抗风险能力与创新活力。

数字经济使产业交互不再局限于简单的供需匹配，而是通过数据、算法与平台实现深度融合与实时协作，重塑产业间的分工方式与协作机制，使产业链条呈现出生态化网络的特征。

二、产业竞争理论

产业竞争理论研究产业中企业间的竞争与合作关系，以及企业与环境因素之间的相互作用，旨在解释产业内企业获得竞争优势及产业演化轨迹的原因，涉及产业集中度、技术进步、产品差异化、进入壁垒、生产要素依赖性等内容。产业竞争是一个动态过程，企业通过创新不断提高竞争力，并通过竞争手段获利且提高市场份额。

同时，市场空间的限制会导致产能过剩、竞争加剧、利润下降。弱势企业会退出，产业集中度提高，为求生存，企业会分化发展，产品差异化程度加大，有的企业也会通盘考虑，选择产业链内外延伸。这一系列具有动态连贯性的竞争态势与方法，共同塑造了产业演化路径与格局。

数字技术的应用使产业之间建立了数字化链接，突破了物理界限对于产业发展的限制，不仅为企业带来了跨界发展机遇，也在一定程度上消除了传统行业的进入壁垒。传统产业边界被打破，使得要素流通的速度加快，并在市场竞争机制的作用下，促进产业组织内部要素优化配置，从而达到整个产业的效率升级。数字化的产业竞争关系将发生在产业组织内部的生态之间、生态内部的参与者之间，以及产业组织内部的生态与产业组织外部的生态之间。①

三、产业聚集理论

产业聚集理论研究产业空间组织形式与产业集聚机制，探讨产业空间组织对提高企业竞争力与区域经济发展的作用。它以产业空间集中和地理集聚为基础，揭示产业集群形成的动因与效应。产业空间聚集有利于形成规模经济，降低交易成本，促进知识与技术扩散，提高产业创新力，这归因于区域内要素集中、信息交流频繁、竞争机制完备等因素。

产业集群的形成往往源于某一区域先发优势，这使得相关产业在此汇聚，相互依存，形成集群。随着集群发展，会出现专业化分工与协作，产业链条日臻完善，创新网络效应释放，推动产业升级。产业聚集有多种表现形式，其内涵由微观产业集群向更宏观的产业生态系统演进，不同类型产业聚集呈现产业发展不同阶段的特征，但都体现区域内相关产业要素的集中与互动，为产业发展提供聚集经济和渗透效应。

数字经济共享互联的特性使得产业聚集不受地理空间的局限性，以数据和信息为基础，以互联网为载体，可以实现企业与相关主体的虚拟聚集。在产业虚拟聚集下，数字技术为产业集群内企业提供高效的信息互动与协同平台，优化了企业协作效率，丰富了产业生态系统内容，降低了新兴产业集群成长成本。② 产业虚拟聚集使产业生态系统内主体多

---

① 戚聿东、肖旭：《产业数字化转型的价值维度与理论逻辑》，《改革》2019 年第 8 期。

② 李广乾、梁琦、王如玉：《虚拟集聚：新一代信息技术与实体经济深度融合的空间组织新形态》，《管理世界》2018 年第 2 期。

元且互动性加强，为产业协同发展提供更广阔空间。

四、产业融合理论

产业融合理论研究不同产业之间的交叉渗透机制与效应。随着科技进步和消费需求升级，产业界限日趋模糊，不同产业通过要素融通、业态创新等方式实现深度融合，释放出巨大的协同效应，成为产业变革与经济发展的重要动力源泉。产业融合具有多种形态，其目的是打破各产业、技术与要素之间的边界限制，实现深度关联与互动，形成协同效应。数字技术的不断应用和融合，能够推动不同产业之间的交流与合作，实现产业之间的相互联动。数字技术的高渗透性、通用性等特性，为产业融合创造了有利条件。[1]

数字经济的发展改变了产业组织模式和产业结构，推动了新产业组织成长和产业融合，加速行业与技术融合，延长产业链条，优化企业要素配置，推动产业格局与企业业务模式加速重塑，带来新的业态创新与商业变革。[2]产业融合也必将催生数字经济中更广泛的创新应用，两者实现互动共演，共同推动社会生产要素实现高效配置与价值最大化。

第三节　技术创新理论

熊彼特（Schumpeter，1912）在《经济发展理论》中提出了技术创

---

[1] 方雪、葛明、赵素萍：《数字经济研究新进展：评价体系、赋能机理与驱动因素》，《西安财经大学学报》2022 年第 5 期。

[2] 任保平：《数字经济引领高质量发展的逻辑、机制与路径》，《西安财经大学学报》2020 年第 2 期。

新理论，指出创新就是建立一种新的生产函数，将生产要素与生产条件的"新组合"引入生产体系。技术创新来自市场对成本下降与功能提高的迫切需求，这激励企业投入创新活动。[1] 而新技术的产生又会重塑市场，创造新的需求，推动下一轮技术变革，形成自我驱动的循环系统。在这个系统中，技术变迁与市场需求相互促进，各顺其道地影响并塑造着产业发展的方向。[2]

技术创新理论揭示了技术变革的市场导向性，以及技术创新对经济社会发展的持续驱动作用。新技术会不断推陈出新，重塑产业版图，创造新的增长点，成为经济实现跨越式发展的重要源泉。同时，市场机制又确保技术创新紧密关联具体需求，通过需求拉动和技术推动，使得资源配置更加合理，减少浪费。

熊彼特认为，创新同时也意味着毁灭，在竞争性的经济活动中，新的组合产生意味着通过竞争消灭原有组合。数字技术的不断革新，使得传统技术和传统行业长期以来的主流地位被打破，在不断破坏旧的经济秩序和经济结构的同时不断创造新的经济秩序和结构。数字技术与数字经济的不断发展是一种创新性毁灭，具体表现为数字技术催生新兴产业、赋能传统产业，以及引领产业经济系统内部革命等一系列变革过程。在持续创新的数字技术基础上，创造新产品、新服务、新模式、新

---

① 约瑟夫·熊彼特：《经济发展理论》，华夏出版社 2015 年版，第 242 页。

② 创新一般包括采用一种新产品、采用一种新生产方法、开辟新市场、获得原料或半成品的新供给来源和采取新组织方式。

业态、新结构和新组合形式，形成新的竞争模式，最终实现生产效率和生产力的全面提升。

数字经济依托云计算、大数据、人工智能等技术，实现相互融合与赋能，这体现技术之间的系统性关联，使得数字经济呈现数字技术的综合融合与应用特征。同时，技术系统内部的互动会促进技术向外部领域扩散，形成新产业与新模式。数字技术的融合应用也推动数字经济从互联网和高技术产业扩散至各行业，数字经济依托技术融合的扩散效应，重塑各行业运营机制。技术创新理论对解释数字经济发展轨迹提供了重要理论基础，两者在理念和实践层面存在高度契合，有利于理解和推动数实融合的发展进程。

数字经济的发展也对传统创新理论提出了新的挑战。首先，数字创新过程呈现非线性模式，创新的应用结果存在反馈机制，会促进创新投入不断优化改进，创新过程与创新结果存在重叠[1]；其次，数字产品创新能够利用互联网实现无限更新迭代，容易对创新结果进行整合，并基于个性化需求进行改造[2]；最后，创新主体更加多元化，个人、初创企业、大企业等都能成为创新主体，为经济创新发展注入活力。[3]

---

[1] Bailey, D. E., Leonardi, P. M. and Barley, S. R., "The Lure of the Virtual", *Organization Science*, Vol.23, Sept. 2012.

[2] 陈晓红、李杨扬、宋丽洁、汪阳洁：《数字经济理论体系与研究展望》，《管理世界》2022年第2期。

[3] Lakhani, K. R. and Panetta, J. A., "The Principles of Distributed Innovation", *Innovations：Technology, Governance, Globalization, Summer*, Vol.2, Feb. 2007.

第四节 技术—经济范式理论

技术—经济范式最早由经济学家卡洛塔·佩雷斯（Perez）于1983年提出，她认为每种发展模式都将根据特定的技术风格进行塑造，这种风格被理解为一种最有效的生产组织范式，即生产活动在企业、行业和国家内部的主要模式和演化方向。但是，随着信息技术的迅速发展和普及，数字经济成为推动经济发展的重要引擎，催生出一种新的技术经济范式。在数字经济中，云计算、人工智能、大数据等技术与经济的相互促进，形成了一些相对稳定的经济新结构和新形态。

一、技术—经济范式

技术—经济范式最早由佩雷斯（Perez，1983）提出，描述技术对于经济系统产生的影响。[①] 佩雷斯构建了技术—经济范式的理论框架，指出关键要素变迁是技术—经济范式的基础，新的关键要素成本下降、供给迅速增加并且应用普及，新的范式会替代旧的范式；新技术—经济范式将形成一个完整的经济体系，该体系内关键要素、生产组织形式、劳动力供需、投资关系、消费者行为模式和基础设施建设等部分均会发生改变来适应新的经济范式。

佩雷斯发现，每次技术革命周期大概是50—70年左右，整个周期可以分为两个时期和四个阶段，两个时期包括导入期和展开期，四个阶

---

① Perez, C., "Structural Change and Assimilation of New Technologies in the Economic and Social Systems", *Futures*, Vol.15, Oct. 1983.

段包括爆发阶段、狂热阶段、协同阶段和成熟阶段（图2-2）。

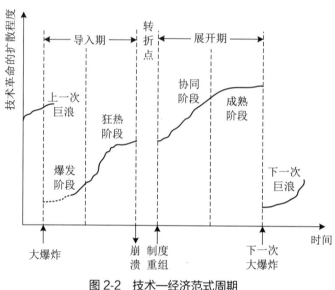

图 2-2　技术—经济范式周期

在爆发阶段，这一时期新旧技术、新旧产业和新旧经济范式等发生剧烈冲突，旧范式的产业和技术已经饱和并趋近衰退，新技术的出现为经济发展带来新动力；在狂热阶段，新技术的迅速扩散和应用，带来新兴产业、新基础设施建设以及新技术体系，促进了新经济部门生产率的提高，但是在这个过程中新技术广泛应用会带来技术问题、就业问题、伦理问题等阻碍新技术有序发展的障碍因素，金融资本出于短期利益的考虑，大量涌入生产资本，造成经济发展的不稳定甚至出现泡沫，因此在狂热阶段后期会进入转折点，进行社会意识形态、政府政策法律的改变或重塑，为新的技术—经济范式良好发展提供保障；在协同阶段，新技术、新范式与社会发展和经济活动紧密协同发展，表现出较高的生产力、较高的生活水平、就业市场稳定和社会制度完善，整体经济表现为以较快的速度稳定增长；在成熟阶段，技术革命带来的新技术趋向成熟，市场趋于饱和，新技术—经济范式带来的经济增长动力被消耗殆尽，在此期间仍会有新的技术和产品涌现出来，但是都表现出较短的生命周期，直到下一次技术创新带来的新技术—经济范式到来。①

技术—经济范式说明了在不同历史时期，由于技术进步等因素引发的经济结构、经济增长方式和经济政策等方面的变化。数字经济的出现和发展正是在信息技术和网络技术的推动下，促成了经济结构的变革和增长方式的转型，这也为实体经济的转型和升级提供了契机。数字经济的发展离不开信息技术、互联网和数字化等技术手段，而实体经济也需要借助数字化的手段提升生产效率和创新能力。

此外，技术—经济范式中提出了经济政策的转型和创新，包括政府的支持和引导、市场化的改革和开放等，这也为数字经济和实体经济融合提供了一定的指导意义。政府可以通过支持数字经济的发展和实体经济的转型升级，推动两者的融合发展，实现产业结构升级和经济的高质量发展。

二、数字技术—经济范式

在数据要素和数字技术催生下，目前正在形成数字技术—经济范式，主要由驱动力、新结构、价值创造和经济增长四个要素构成。驱动力是指信息技术的迅猛发展和广泛应用，推动整个社会经济活动的变革

---

① 王姝楠、陈江生：《数字经济的技术—经济范式》，《上海经济研究》2019 年第 12 期。

和升级。新结构是指数字技术与传统产业的深度融合，形成的数字化的产业链和价值链。价值创造则是指通过数字技术和数据的应用，创造出更高效、更智能的生产方式和商业模式，提高产品和服务的附加值。最终，数字经济的发展将带来经济增长和就业机会的增加。

佩雷斯认为，工业革命以来人类经济社会经历了五次技术—经济范式的变革。[①] 当前，以新一代数字信息技术为代表的技术革命是第五次变革，推动了数据网络化、平台化和智能化，带来了数字技术—经济范式。佩雷斯认为，以信息通信技术的成熟为契机，中国和印度已经开始引领第五次技术革命的后半段。[②]

目前，第五次技术—经济范式带来的数字技术经济模式正以技术创新为引领，数字平台为支撑，推动社会生产要素高度重构与新兴消费方式加速形成，这必将催生产业与生活方式的巨大变革，重塑全球产业格局，也必将成为引领经济发展新路径的重要特征。数字技术经济作为新兴的发展范式，正在颠覆既有的经济社会规则，定义未来可持续发展的新坐标。

数字技术经济范式的主要特征有以下六点。一是以数据为核心要素。数据成为生产要素、交易要素和竞争要素，经济活动深度依赖数据驱动。二是平台化经营方式。数字平台上的数据网络效应显著，企业通

---

① Perez，C.，"Technological Revolutions and Techno-Economic Paradigms"，*Cambridge Journal of Economics*，Vol.34，2010.

② Perez，C.，"Capitalism，Technology and a Green Global Golden Age：the Role of History in Helping to Shape the Future"，*Political Quarterly*，Vol.86，Jul. 2016.

过打造平台化商业模式实现价值创造。三是去中间化趋势。区块链等技术使交易可以在不依赖第三方中介的情况下完成，中间环节被逐步压缩或消除。四是共享经济发展。数字技术使分散的资源能够被高效整合和配置，推动共享经济蓬勃发展。五是创新速度更快。数字技术加速了创新传播速度，新技术、新产品和新业态以指数级速度涌现。六是区域边界消解。云计算、大数据和其他数字技术打破了地理范围的限制，全球范围内的资源配置更加优化。

数字技术经济范式以数字技术为核心，以数据为要素，以平台为载体，以人工智能为动力，并呈现出去中间化、共享化和创新加速的特征，推动人类发展由原子加工过程转变为信息加工处理过程[1]，这标志着经济发展进入了一个全新阶段。数字技术正在重构产业格局和重塑经济结构。

---

[1] Negroponte, N., "The Digital Revolution: Reasons for Optimism", *The Futurist*, Vol.29, Nov. 1995.

第三章

数实融合的互动关系与逻辑机制

随着互联网等科学技术不断更新换代，以数字经济为代表的新经济模式逐渐取代传统的经济模式，数字技术对人们的生产和生活方式产生了越来越重要的影响。数实融合成为必然趋势，数字技术将广泛渗透到实体经济中，从而改变传统产业的运行逻辑、业务流程和竞争规律，形成新兴产业模式。必须推动数字经济与实体经济融合创新，以互联网、大数据、人工智能等新一代信息技术对传统产业进行从生产要素到创新体系，从业态结构到组织形态，从发展理念到商业模式的全方位变革和突破。

第一节 数字经济与实体经济的互动关系

随着新一代互联网技术的普及和应用，数字经济和实体经济不断融合，为社会发展提供了强大的支撑力量。这种融合源于最先进的信息技术，不仅可以满足人们的日常需求，还可以推动社会变革。例如，新一代人工智能和云计算已被应用于各个行业，给传统的工业和农业带来了巨变。数字技术的发展促进了数字经济与实体经济之间的紧密互动，强化了数实融合。

一、实体经济是数字经济的基础

实体经济的发展为数字经济提供数据要素投入，促进实体经济效益的持续增长，它们所携带的数据资源也在持续增加，有助于推进新的先进技术的应用，从而促进实体经济的繁荣发展。

实体经济为数字经济的发展提供了基础支撑。一方面，数字技术的发展赋予实体经济更多发展潜力，逐渐形成了庞大的数据库。但由于过去的数据处理方式落后，生产力也较为有限，无法更好地赋能实体经济。因此，要运用大数据、区块链等前沿科学，把浩瀚的数据收集、处理、整理，转换为有效的商业模式，进而提升数据的使用效率，促使数字经济迈入一个全面、高效、互联互通的新阶段。另一方面，面对快速发展的实体经济，大力推进数字化信息技术迫在眉睫，构筑技术更加优越和覆盖更加完善的互联网基础设施，以支撑实体经济的发展。[①] 实体经济的发展越来越离不开数字技术，对先进的数字基础设施的需求日益增加，从而促进了数字基础设施的建设。

随着数字技术的进步，许多传统的实体经济也在不断改进，努力寻找更具竞争优势的突破方向，推动行业的可持续增长。在此过程中，企业必须具备较强的变革反应能力和整合能力，才能够满足市场的不断演进的需求，并在激烈竞争的市场环境中保持领先地位。通过充分利用先进的数字技术，有效地促进战略、技术与业务的融合，从而实现最佳绩

---

① 钞小静、王宸威、薛志欣：《中国新经济的逻辑、综合测度及区域差异研究》，《数量经济技术经济研究》2021 年第 10 期。

效。① 更重要的是，实体和数据同为资源，共具价值，且互相依存，不可分割。

近年来，经济全球化越来越明显，国际化竞争越来越激烈，增量市场已开始逐步变为存量市场，同时社会信息化的发展，也使得生产力水平得到极大提高，人们的个性化需求明显提升。生产规模对于大部分企业来讲已不是一种压倒性优势，实体技术、制度政策、人员结构、经营管理等也逐步变为企业生存的必需品，而不再是某种独特的优势。当前，企业处在亟需寻找新出路、发掘新的价值创造模式的阶段，数字技术的价值逐渐凸显，以"大智移云网"为代表的数字信息技术快速发展，数据驱动经济增长已初显成效。

二、数字经济是实体经济的动力源泉

随着技术的不断进步，数字经济已被证明可以极大地促进实体经济的可持续增长，成为经济高质量发展的新动能，不仅可以帮助企业提升效率，而且可以改善整个产业链的运行效率，从而使整个产业链的运行更加有序高效。

国内外学者普遍认为，数字经济能够驱动实体经济发展，是实体经济的动力与源泉。部分学者研究发现，数字经济能够提升企业的市场表现。刘吉超和庞洋（2013）发现，数字化改造是制造业提升竞争力的主要路径，推动形成分布式、社会化、网络化的大规模定制的生产方式，

---

① 刘吉超、庞洋：《两化融合背景下制造业竞争力的提升路径》，《未来与发展》2013 年第 11 期。

形成分散、开放、合作的商业架构和商业模式。[①]"互联网+"极大地改变了各行业的核心竞争力,这不仅是一种新的发展模式,更是一种推动实体经济发展的强大动力,能够重塑各个行业的核心竞争力。

数字经济的发展丰富了实体经济的外延和内涵,不仅能够为实体经济发展提供更多的机遇,还能够改善其运行机制,优化其运作流程,更好地整合不同行业的要素资源,实现可持续增长。首先,数字经济已经成功地跨越了传统的行业界限,其发展模式也从仅仅依靠"破坏性创新"的概念转变成一种跨越多个行业的综合性发展模式,这种模式建立在新一代的数字化技术和大数据的支撑下。其次,大数据的出现使得企业能够更加准确地把握市场的变动,更好地满足消费者的多样化和特殊需求,进而推动经济的可持续增长。大量的数据也具备巨大的分析和应用价值,成为企业获取更多收益的关键因素,进一步扩大了实体经济的可能性。再次,随着时代的进步,人们对于更加个性、更加丰富、更加复杂的服务的要求越来越高,企业不仅要改善其内在结构,更要从传统的产品驱动的商业思维转变成更加关注客户的服务思维,从而更好地把握市场机会,提升市场竞争力。最后,数字时代的来临使得"旧资源"和"新技术"实现有机融合,进而融汇和贯穿各种形式的生产要素,改变传统的实体经济模式,大幅增强了企业竞争力。数字变革使得各种形式的生产要素得以更加高效地配置,改善企业的运营状况,持续提升实

---

① 刘吉超、庞洋:《两化融合背景下制造业竞争力的提升路径》,《未来与发展》2013 年第 11 期。

体经济的资源配置效率。

综上所述，数字经济的出现标志着一场颠覆性的技术经济范式变革，不仅改变着传统的实体经济结构，也改变着企业运作机制，使企业能够更好地把握市场机遇，进而推动企业的可持续增长。随着实体经济的飞快增长，不仅积累了丰富的信息资源，还极大地推动着新一代数字化基础设施的构建，使得数字经济得以更加有效地推动其发展。这种双向的交流，促使两者之间形成一种持续的、有机的、协调的、可持续的、交融的网络结构，衍生出两种经济系统之间相互关联、相互促进的长期动态关系。

三、数字经济赋能实体经济的驱动机制

随着时代进步，数字化转型升级对传统经济带来深远影响，这种转型涉及多个方面，如市场、科技、产业、资本、基础设施、人力和政府支持等（图3-1）。

第一，市场需求拉动力。随着数字经济的发展，消费者的偏好正从单一商品和服务转移到更加具有个性、更加丰富的商品和服务，这种趋势正推动着市场的发展，从传统的线下商业模式转向更加便捷的网络商业模式。[①] 因此，为满足多样化市场需求，实体企业正努力利用数据分析和智能决策系统，以便更加有效地把握消费者的爱好，从而改善其在市场上的竞争优势，满足不断增长的多元化市场需求。这种改造不仅可

① 戚聿东、褚席：《数字经济发展、经济结构转型与跨越中等收入陷阱》，《财经研究》2021年第7期。

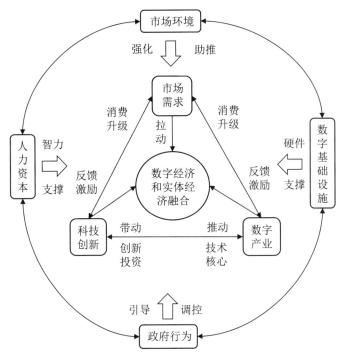

图 3-1　数字经济和实体经济深度融合的驱动机制

以使传统的生产模式和消费需求得以改善，还能够推动实体经济的创新和转型，形成实体经济供给与需求的动态循环升级。

第二，科技创新带动力。随着社会的发展，科技革命已经成为第一驱动力，以其强大的技术优势为数实融合提供了有力的科技保证。当前，人工智能、云计算、虚拟现实、物联网等核心技术的发展需要科学技术创新作为支撑，以更先进的信息化、网络化、物联网化的解决方案，更好地满足多样化需求。科技创新推动了智慧决策、智能管理等技术服务体系的形成，识别和突破数实融合过程中的技术盲点，为两者深度融合提供更多有效的应用场景和融合机会。

第三，数字产业推动力。随着科技的飞速发展，数字产业已经成为当今社会的一个关键性支柱，对于推动实体经济的增长具有举足轻重的作用。通过开放性的平台，支持各类企业的数据分析、数据库的建设与运营，同时也有利于增强"赋能"的影响力，推进"赋能"的有效运用。数字产业部门具有较强的渗透效应和倍增效应，能够极大地改变传统商贸格局，从而推动与实体经济的融合，获得可持续性的增长。

第四，数字基础设施支撑力。随着 5G 网络的发展，数字基础设施的建立、运行和维护，使得数字经济的发展获得巨大支撑。这些新兴的数字技术基础设施已成为促进数字经济发展的动力，不仅可以有效地促进信息技术的普及，而且能够加快数字经济的发展，从而提升整个经济的发展水平。随着数位技术的不断进步与数字基础设施的不断升级，可以大幅改变传统的信息传输方式，加速数据要素流动，有效地促进信息的交换和共享，更好地促进数字经济的发展和在实体经济中的应用。

第五，人力资本支撑力。人力资本是推动数实融合的关键因素，它不仅可以为企业提供强大的智力支撑，而且还可以帮助企业提升数字核心技术的研发水平和转化意识，从而有效降低融合过程中可能出现的风险。从动态视角来看，随着人力资本水平的不断提升，数字技术的迭代创新也会得到更大的推动，这将有助于实现两者的有效融合，并为其提供有效的技术支持。

第六，市场环境助推力。良好的市场环境象征着高效的资源配置机制和公平的市场竞争秩序，数字化进程加速会带来获取数字相关资源的高效，这对实体经济发展至关重要。相应地，市场竞争压力也随之激烈化，促使企业更积极地利用数字技术赋能业务流程创新、新市场拓展以及应对潜在威胁，有助于推动数实深度融合。

第七，政府行为调控力。数实融合程度不断加深，政府的行为调控也发生了显著变化，但由于实体经济的数字化转型需要大量资金投入，而且回报率较低，导致很多企业不愿采用数字技术来提升效率。因此，在数实融合的初级阶段，政府参与及其相应的措施显得尤其必要。政府应采取更加积极的措施，如推进新一代互联网技术的应用，加强对产业的支持，推动各类项目的落地，从而更好地推动数实融合。

第二节　数实融合的基本逻辑

伴随科技的飞速发展，数字经济正以前所未有的速度向前推进，其核心特征便是将数字技术和传统商业模式有机结合，从而带动经济的变革和创新。数字技术从单点演进转变为集成迭代，并且以惊人的速度和普遍的应用，深刻影响着经济活动。数字经济与实体经济融合存在三重基本逻辑：创新逻辑、增长逻辑和应用逻辑。

一、创新逻辑：技术生态圈的打造

在数字时代背景下，新一代信息技术扮演着至关重要的角色，构建了数字经济的技术生态系统，促使数字经济与实体经济的结合。以数字技术和数据要素为核心的双轮驱动，使实体经济不断重塑业务逻辑，创新价值模式，延伸产业链、供应链和价值链，变革应用场景，促进数字经济与实体经济深度融合发展。

第一，数据资源要素不断催生新产业。数据资源的多样性和可持续性，为新兴产业提供了强大支撑，不仅可以共享、复制和重复利用，而且还能够极大地提高产出，从而为经济发展提供巨大推动力。数据资源具有巨大潜力，能够激发新的产业，并与其他生产要素相结合，形成多种新兴产业。数字技术的应用将传统生产要素与数据资源相结合，大幅提升了高端生产要素的比重，进而推动了产品结构的变革，为新兴产业的发展奠定了基础。

第二，新一代信息技术引领产业升级。随着新一代信息技术的普及，彻底改变了传统产业的布局，使新兴服务业得以更好地与第一、二产业相融合，从而实现产业的转型升级。数字技术在产业链、供应链和价值链各环节应用程度日趋加深，实现生产环节与供应链上下游环节、高端附加值价值链与低端附加值价值链的全流程数字化管理，推动传统产业链、供应链和价值链的数字化改造，提升产业链韧性、供应链稳定性和价值链的高附加值性。数字技术不仅可以大幅提升产品的制造效率，而且还可以有效地减少生产过程的能源消耗，促进企业走上数字化和智能化的道路。

第三，现代信息网络加速创新发展。现代信息网络为创新发展提供了强大的支持，不仅能够有效地利用和转换数据资源，而且还能够实现数据的共享与流通，从而大幅提升数据的价值，加快新兴产业发展的步伐。现代信息网络的发展，提升数字技术的应用效率，加速产业转型升级，而且还具有强大的连接力，使得上、中、下游产业之间的垂直壁垒得到有效的突破，同时消除消费者与生产者之间的鸿沟，推动产品和要素自由流动，形成互融共通的产业生态。[①]

二、发展逻辑：主体生产率的提升

随着科学技术的不断进步，计算机制造、智能设备制造、软件开发、互联网技术等数字产业可以满足当今社会对高质量、高效率、高可持续性的需求，不仅可以推动数字经济的发展，而且还可以构建起一个快速演化的社会结构。科技发展使得实体经济的结构和功能发生了巨大改变，其边界得到了极大的延伸，形成了许多全新的产业模式。

第一，在微观层面上提升企业生产效率。首先，通过采用最新的数字技术，不仅可以显著改善企业的生产流程，还可以实现对各项细分领域的全程监控，实现对市场的快速响应。这种方法可以有效地优化企业的制造工艺，大幅度增加产出。利用数字技术构筑的智能车间和智慧工厂，规划、生产、运营等环节都可以获取更加精准的信息，提高整个行业的产出水准。其次，现代互联网技术为信息的高效自由传输提供了便利，降低了成本，大大改善了企业的运营效率。在生产环节，为降低生产成本提供了有效的方式，大大提高了资金流动性，进一步降低企业的经济负担和运营成本。最后，随着科技的发展，数字经济发挥着越来越重要的作用，为企业带来了巨大的商机，极大改变了商品的流转方式和

[①]　王佳元：《数字经济赋能产业深度融合发展：作用机制、问题挑战及政策建议》，《宏观经济研究》2022 年第 5 期。

销售方式，克服了时空的局限，并且能够为客户提供更加丰富的信息，更好地满足客户的多样化需求，使"长尾效应"得到更加有效的发挥，从而使企业的生产效率得到更有效的提升。[①]

第二，在宏观层面提升经济运行效率。数字经济的应用可以大大改善经济的发展，可以深入生产、流转、分享、消费的每一个环节，帮助实现四个部门的有机结合，从而极大地提升全社会的综合发展水平。数字经济的发展使得政府与企业之间的联系变得更加紧密，减少了信息不对称，推动经济效率的提升。各级政府机构也能够利用数字技术这一新兴工具，及时获取有价值的信息，深入分析当下的市场状况，把握风险变化，从而制定出更具有针对性的经济发展策略，极大地改善公众服务的质量，提高公共产品的供给效率。

三、应用逻辑：场景适应力的拓展

场景应用为数字经济的发展提供了重要支撑，不仅可以将供给端和需求端有效地联系起来，而且还可以推动消费需求和产品创新，并且将数字技术与实际应用场景有机结合，推动技术进步和产业升级。随着数字技术加速应用，与传统产业生产技术和模式的融合创新持续涌现，实体经济创新动力和发展空间不断提升和拓展。

数字技术带来了更高水平的网络链接效应，突破了传统行业边界，打破了传统产业时空限制，促使不同产业、行业、区域和市场的主体实

---

① 何厚聪、任保平：《数字经济赋能高质量发展：理论逻辑、路径选择与政策取向》，《财经科学》2022 年第 4 期。

现密切协作，推动土地、资本、劳动力、技术和数据等生产要素高效集聚与精准对接。数字技术场景应用实现了信息网络化连接、数据化运营、智能化匹配和可视化读取，增强了信息在各个产业和各个领域之间的互动关系，促进了要素资源在各个产业领域优化配置，推动了生产模式不断变革和创新。

第一，应用场景是连接供给与需求的纽带。在现代市场环境下，企业将更多的精力投入到研发和服务上，从而满足客户的多样化和定制化的要求。随着数字经济的不断深化，传统的以产品为主的商业模式正在转变，取而代之的是以客户需求为核心的新型商业模式。从客观上看，将客户实际情况与企业产品对接起来，能够更加直观高效地满足客户要求，从而实现互利双赢。此外，客户的实际情况也能够帮助企业及时调整，提升客户的满意度。总而言之，企业与消费者可以在特定环境中建立紧密的联系，推动市场的发展。

第二，应用场景建设需要数字技术提供支撑。在数字经济背景下，实体经济活动中的场景概念不同于传统层面上的场景概念，其建设和管理也更加复杂。通过大数据、物联网等数字技术，企业可以获取相关用户的多维数据信息，通过数据挖掘等先进技术对数据进行分析，提高对用户的了解程度。同时，这些数据也可以作为场景建设和管理的参考依据，进一步激活场景的功效，提高场景吸引力。

第三，场景适应力进一步驱动技术进步。在推出具备竞争优势的产品与服务时，除了要考虑企业本身的创新潜质，还要考虑其所处的市场环境，以确保其产品能够满足客户需求。随着科学技术的不断发展，企业必须利用先进的数据分析工具，及时响应市场的变化，以便提供最佳的解决方案，满足客户不断增长的需求。可见，提升场景适应能力有助于进一步促进技术进步，不仅可以帮助企业实现快速转型，还能够激发创新活动。

第三节　数实融合的机制机理分析

数实融合逻辑的本质体现在数字技术在实体经济中的应用与扩散，这种跨界融合使传统的商业模式得以改变，重塑着经济的运行机理和内在传导机制。在以往的科技革命中，新一代技术都扮演着驱动经济社会变革的关键角色。从传统的信息经济，到互联网经济，再到数字经济，数字技术不断演化，不仅催生出新兴商业模式，而且以惊人的速度渗透到各个领域。

在数字经济背景下，政府、企业和个人等通过数字化、信息化和智能化等技术，进行连接、沟通、互动与交易等活动，形成相互作用的社会经济生态系统。下面进一步从产品层、企业层和产业层三个维度分析数实融合的机制机理和传导路径。

一、产品层面的融合

（一）产品技术创新

数字技术是促进数实融合的核心推动力，这些数字技术包括三类：实现数字世界与现实世界连接的信息技术（IT）和通信技术（CT），承担计算功能的人工智能、大数据、云计算等技术，促进数字世界与现实世界互动的数字孪生、虚拟现实、增强现实、混合现实等技术。

随着科技的不断推动，开放式创新已经深入各个领域，它不仅把企业的外部创意、市场以及传统的垂直整合模式都纳入考量，而且还把它们作为一种有效的资源，以激励企业不断改善自身的竞争优势。因此，开放式创新越来越受到关注，它可以帮助企业更好地满足消费者的需求，并且有助于企业实现长期增长。

当前，开放型创新可以划分为两类：开放边界创新与开源创新。前者强调从外部收集信息，以便能够快速发现有价值的想法，而后者则强调个人的独立思考能力，以及如何将个人的想法转化成可实现的结果。通过建立一个以用户与创新者相互联系的虚拟社群，可以激发出无限的想象力，并将其转化为可实现的实际应用。在这种开放创新的环境里，每个人都可以将自己的技术创新结果分享给他人，从而实现真正的共赢。

此外，随着数字科学的发展，企业之间的交流与合作日益便捷，使得开发者合伙的方式逐渐占据了市场的主流。随着区块链技术的飞速发展，为各类企业之间的沟通提供了更加便捷的方法，让它们可以更加安全地完成各项工作，并且可以更有效地建立起彼此的信任，大大减少了企业之间的交易成本。数字经济的普及，特别是制造企业的开源创新，为产品创新提供了更多的可能性，加快了产品的更新换代，最终实现数字经济和实体经济的有效融合（图3-2）。

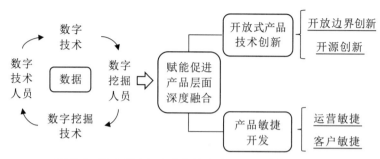

图 3-2 数字经济与实体经济在产品层面融合的路径

（二）产品敏捷开发

在数字化背景下，大多数实体企业正在努力推行精益化的生产方式，旨在不断提升产品质量，并不断优化生产过程。精益化的目的在于找到一种有效的方法，来减少浪费、提高效率，并且能够达到零库存的目标。随着科技的发展，企业所处的内外部环境日新月异，充满了挑战与机遇。因此，敏捷制造成为一种有效的解决方案，能够满足当今迅速变化的市场需求。采取敏捷制造技术，即利用现代化的互联网技术，将现存的生产流程转换成更加灵活的生产模式，以满足不断变化的市场需求，进而大大改善公司的运营效能，极大地提高公司的总体价值。[①]

随着信息技术与数字技术的广泛运用，实体企业正在从传统的低效率生产模式走向更加高效的智慧型制造模式。在这种新型的数字化经济背景中，通过对大量的数据收集与分析，可以更好地了解市场动态，从而更快地做出有效的管理决定。敏捷开发作为一种先进的产品开发技

---

① Kumar R., Singh K. and Jain S. K., "An Empirical Investigation of the Relationship among Agile Manufacturing Practices and Business Performance: a Pilot Study", *Journal of Science and Technology Policy Management*, Vol.13, No.2, 2022.

术，正被越来越多的实体企业所采纳。这种技术可以迅速反映市场经济发展变化，适应消费者的个性化要求，从而使得产品的设计、制造、销售等各个环节都可以得到有效支持。随着数字经济的迅速崛起，不仅大大提高了敏捷开发的效率，而且还为其与传统的实体经济的紧密结合提供了更多可能性，进一步促进数字经济与实体经济在产品层面的深度融合。

二、企业层面的融合

（一）企业商业模式创新

近年来，随着科技的发展，越来越多的人开始重视企业经营模式，他们认识到，在当今数字化时代，企业应该不断寻求更有效的模式，以适应顾客的需要，实现更高的效益。数据已变成一种不可或缺的经济资源，它可以帮助企业史好地实现其核心价值，实现其最佳的业务模式。

互联网技术的迅猛发展让网络信息的获取难度越来越低，获取成本越来越少。平台经济逐渐崛起，典型代表为天猫、京东等平台企业，"互联网＋平台经济"模式备受追捧。同时由于数字技术的发展和数字经济的火热，以区块链为代表的数字技术，让企业间的交易去中心化，逐渐形成一种新的分布式商业模式[1]，商业模式不断创新。数字经济的发展带动商业模式的变革和资源配置效率的提升，从而进一步促进数字经济与实体经济在企业层面的深度融合。

---

① 庄雷：《区块链与实体经济融合的机理与路径：基于产业重构与升级视角》，《社会科学》2020 年第 9 期。

（二）企业长期竞争力提升

资源基础观和动态能力理论为企业长期竞争力的获取提供了分析框架。一方面，从资源角度来看，尽管企业在计算机、存储服务器、管理信息系统等领域的投入往往会受到其他竞争者的效仿，但由于计算机、存储服务器、管理信息系统等领域的特殊性，企业特殊的资源是宝贵的、难以复制的、不可替代的，能够使其在市场上保持领先地位，并在未来的市场中保持优势。另一方面，从动态能力角度来看，拥有良好动态能力的企业比没有这种能力的企业具备明显的市场优势。拥有良好企业动态能力可以显著改善其绩效，这种改善可以通过增加其竞争优势来实现，从而使得拥有较强动态能力的企业可以轻松地取得市场的成功。[1] 帕夫卢（Pavlou）和萨维（Sawy）在 2011 年提出了一种可测量的模型，用于描述人类的四种不断演化的动态能力，对环境的敏锐度、自我更新的智慧、对组织的有效管理以及对资源的有效利用。[2] 通过引入先进的管理决策辅助系统，可大大改善企业的资源分布、协同作战、综合利用等方面的表现，这不仅有利于增强企业的核心资源优势，也有利于推动数字化转型，促进实体经济的可持续增长，从而进一步加强数字经济与实体经济在企业层面的深度融合（图 3-3 ）。

---

[1] Wilden R., Gudergan S. P., Nielsen B. B. and Lings L., "Dynamic Capabilities and Performance: Strategy, Structure and Environment", *Long Range Planning*, Vol.46, No.1—2, 2013.

[2] Pavlou, P. A. and Sawy, O., 2011, "Understanding the Elusive Black Box of Dynamic Capabilities", *Decision Sciences*, 42（1），239—273.

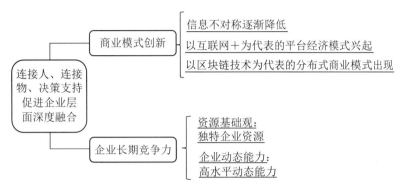

图 3-3 数字经济与实体经济在企业层面融合的路径

三、产业层面的融合

（一）数字产业化

由于科学技术的进步，数字技术已被确立为推进数字经济的关键因素，它以数据通信的优势推进着人工智能、区块链等前沿技术的应用，并且以此来带动整个社会的革命。目前，关于数字产业化的研究主要集中在数字产业化带来的影响、数字产业化的路径和模式、数字产业化的政策建议等方面。

当前，我国的数字产业正以惊人的步伐前行，从迅猛的规模增长到持续的品牌影响力，各种企业群体日益迅猛地发展壮大。随着数字产业化的发展，财富、智力、创意等要素的有效结合将为我国的经济发展提供更多的支持，因此，应该积极投入到基础性的技术研发中，发挥生态圈和产业集群的优势，把握机遇，加速数字产业化发展，推动数实经济融合。

（二）产业数字化

产业数字化是数字经济发展的重要延伸，通过对价值链的重塑，产业数字化已成为当今时代一种非常重要的趋势，它不仅可以极大地改善传统产业的运营效率，还可以促进其他产业的发展，如工业互联网、智能制造、平台经济、智慧农业等。随着新一代数字技术的广泛运用，产业数字化发挥着越来越突出的促进经济增长的功能。戴建军（2019）指出，这种变革不仅改变了传统的制造模式，而且还深刻地改变了世界的商贸流通模式。[1] 赵剑波（2020）认为，智能制造的出现使得数字经济得以更加紧密地结合到现实生活中，并且成功地引领"数字化—网络化—智能化"的发展模式。[2]

从价值链重构视角来看，数字技术已经成为企业价值链网络的关键组成部分，为实体经济带来了巨大的变革。随着数字技术的发展，产业价值链的重构已经发生了巨大的变化，从传统的企业间的合作关系到新型的信任关系，使得产业价值链的垂直分解和水平分拆变得更加容易[3]，提升了产业的数字化水平。

从创新链升级视角来看，数字技术的应用已经极大地改变了传统商业模式，提高了企业之间的合作效率，并且有助于形成更加有效的创新生态系统。一方面，有助于减少信息不对称，降低企业之间交流与合

---

[1] 戴建军、马名杰、熊鸿儒：《数字化转型对生产方式和国际经济格局的影响与应对》，《中国科技论坛》2019 年第 1 期。

[2] 赵剑波：《推动新一代信息技术与实体经济融合发展：基于智能制造视角》，《科学学与科学技术管理》2020 年第 3 期。

[3] 崔晓杨、胡毅、乔晗、汪寿阳、闫冰倩：《基于"微笑曲线"的全产业链商业模式创新——万达商业地产案例》，《管理评论》2016 年第 11 期。

作的成本。另一方面，对企业创新链的改造能够为企业搭建起更高效的创新生态系统，促使企业之间更好地协调与交流，实现资源的优化配置（图3-4）。此外，通过这种创新可以推动形成不同地域和行业之间的企业联盟，进而促进数字经济和实体经济的融合。

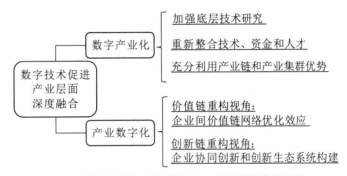

图 3-4 数字经济与实体经济在产业层面融合的路径

第四章

数实融合的现状、特征和趋势

全球各国正在加快推动数字经济重点领域发展，在数字技术与产业、产业数字化、数据要素等领域积极抢抓发展机遇。全球产业数字化转型进入规模化扩张和深度应用阶段，数字化转型应用领域由生产研发向供应链协同、绿色低碳方向延伸，推动产业高端化、智能化、绿色化、融合化发展，助力提升产业链、供应链韧性和安全水平。数据不再仅仅是用来测度的一个量、一个依附于物质的配角，而是作为重要的生产要素，是财富形成的主体，这是革命性的变化，更是一个新时代的标志。在此背景下，中国也在加速布局数字经济，促进数字经济与实体经济融合发展。

第一节　全球数字经济的发展状况和特征

近年来，随着大数据、云计算、物联网、人工智能等技术发展并进入商业化应用，数字技术的赋能作用进一步增强，并加快向国民经济各行业渗透，推动经济向数字化、网络化、智能化方向转型。数字经济的规模和范围得到极大扩展，涵盖了以数字技术为支撑、以数据为重要生产要素的丰富的产品、服务、商业模式、业态和产业。数字化成为全球经济演化的大趋势，是主要国家竞争的角力点，引领着世界经济的走向。

一、全球数字经济发展的总体状况

随着人工智能、信息通信等数字技术迅猛发展，数字技术创新驱动的数字经济正深刻改变着传统经济发展模式，在引领世界经济复苏和重塑全球经济格局中的作用愈发凸显，成为全球经济发展新的重要增长引擎。

数字经济在全球的发展很不平衡。总体来看，美国和中国处在第一方阵。美国拥有数字领域主要的关键核心技术，位于数字经济的发展前沿。中国数字经济规模巨大，在部分领域具有一定先发优势或比较优势，拥有无限的发展潜力。欧盟、日本、韩国、新加坡等处在第二方阵，这些国家或地区在数字经济的某些领域具有相当优势，甚至处在世界领先位置，如韩国在存储芯片领域、德国在智能制造领域、荷兰在高端光刻机领域就处于世界领先水平。其他发达国家和部分发展中国家处在第三方阵，基本上是跟随世界数字经济的潮流。大部分发展中国家处于第四方阵，数字经济刚刚起步，基础薄弱，甚至远离数字经济。

数字经济的发展往往与一国的经济金融发展水平密切关联。北美、亚太和西欧是数字经济发展水平较高的三大地区，东盟、西亚等亚洲其他地区和中东欧、独联体国家的数字经济发展处于中等水平，非洲地区的数字经济发展较为落后。

从国别来看，2022年美国、中国、德国、日本、韩国等5个国家的数字经济总量为31万亿美元，数字经济占国内生产总值（Gross

Domestic Product，GDP）比重为58%；数字经济规模同比增长7.6%，高于国内生产总值（GDP）增速5.4个百分点。产业数字化持续带动5个国家数字经济发展，占数字经济比重达到86.4%。美国、中国数字经济持续快速增长，数字经济规模分别增加6.5万亿、4.1万亿美元；中国数字经济年均复合增长14.2%，是同期美、中、德、日、韩5国数字经济总体年均复合增速的1.6倍。

目前，数字经济还在加速演进，深刻改变着全球经济结构和生活方式。正在流行的生成式对话机器人（ChatGPT）就是数字经济发展的重要标志，一定程度上预示着数字经济发展的未来方向。在万物互联的时代，物联网将会形成更大的产业规模，并将创造高达19万亿美元的市场价值，而现在全世界的国内生产总值（GDP）总额不过100多万亿美元。另外，元宇宙、量子计算、量子通信等新一代热点也正在逐渐形成，将不断为数字经济注入新的动力。

二、数字经济成为全球经济竞争的热点

数字经济作为一种全新的社会经济形态，对工业经济时代构建的全球产业分工格局和竞争秩序形成颠覆性挑战，成为重塑全球竞争新格局的关键因素。随着数字经济成为全球性经济热点，包括广大发展中国家在内的越来越多的国家参与到数字经济的浪潮之中。

数字经济在重塑国际竞争格局中扮演关键力量。数字技术和数字经济的快速发展，极大地改变了从要素结构到产业结构和市场结构的整个世界经济，数据开始成为和资本、劳动一样重要的生产要素，独立的数据价值链基本形成，整个经济活动越来越数字化。

数字经济的快速崛起带动了信息产业、通信产业、互联网产业，以及各种基于数字技术的新产业的大发展，涌现出大量的商业新场景、新业态、新模式，很大程度上改变了世界经济结构。世界数字经济的总体发展格局是，数字技术决定了数字经济发展的水平和规模，数字经济渗透率不断提升，越来越多的产业受到数字经济发展的影响，参与数字经济发展的国家和地区形成不同方阵，彼此竞争激烈。

数字技术的进步对于数字经济的发展起着决定性作用，成为决定数字经济发展水平和规模的密钥所在。算力、算法、数据构成数字经济的三大核心要素，这三大要素归根到底取决于计算技术、电子信息技术、通信技术、大数据技术的发展水平和创新能力。发展数字经济，首先是要在底层技术上构筑起雄厚的基础，形成支撑数字经济的硬实力。世界数字技术发展的新动向和重大创新，必将在技术方向和产业结构上深刻影响数字经济的发展。

美国作为数字技术或信息技术创新的重要策源地，通过控制一些关键核心技术和关键产业，在数字经济领域始终处于优势地位。日本、韩国、新加坡等国过去几十年重点发展微电子和半导体产业，致力于跟进数字技术的前沿，当数字经济机遇来临时，这些国家也在一些领域建立了自己的优势地位：日本在半导体产业的一些细分领域具有优势，韩国在芯片制造和智能手机等数字产品生产方面具有优势，新加坡则在网络基础设施、国际数据中心等方面具有优势。

三、全球数字经济发展的基本特征

当前，以数据为关键要素的数字经济正成为推动全球经济发展的新动能，世界各国尤其是发达国家竞相将数字经济作为抢抓新一轮科技革命和产业变革新机遇、构建国家竞争新优势的战略重点。在众多国家和地区的大力推动下，世界数字经济表现出如下特征。

（一）技术迭代速度加快

科技创新继续推动数字经济朝纵深方向发展，大量数字新产品将不断问世，算力更强、算法更先进、数据更加海量的数字经济新模式也将大量涌现。科技创新是无止境的，推动数字经济发展的各种技术创新不仅不会中断，反而会继续加快。今后的数字经济，科技含量将更高，不仅将更为广泛地替代原有的经济模式，而且也迭代旧有的数字经济，如同软件升级一样，呈现连续性的升级换代过程。在各种新数字技术的推动下，产业变革加速演进、融合发展，人与数字经济的相融伴生将成为时代的显著特征。新一代互联网、人工智能、区块链、元宇宙、云计算、量子信息等新技术的成熟，必将催生更多新产业，并推动原有产业沿着数字技术创新路线实现升级。

（二）数实融合趋势增强

数字技术是典型的通用目的技术，可以在国民经济各行业广泛应用。随着数字基础设施不断完善，物联网、人工智能等新一代数字技术不断成熟，数字技术加速与国民经济各行业深度融合，产业赋能作用进一步增强，深刻改变企业的要素组合、组织结构、生产方式、业务流程、商业模式、客户关系、产品形态等，加快各行业质量变革、效率变革、动力变革进程。以 5G、半导体、集成电路，人工智能等为代表的数字产业化创新加速，工业互联网、智能制造、先进制造等成为全球产业升级、产业优势重塑的关键。

（三）全球科技产业竞争加剧

近年来，世界主要国家都不遗余力加强在数字科技创新、技术标准和国际规则制定等方面的布局，谋求在全球数字经济竞争中抢占先机。一方面，数字经济增长速度快、发展潜力大，日益成为各国经济发展的重要动能和国民经济的重要支柱。另一方面，新一代信息技术将推动形成一个万物互联、数据资源成为重要价值来源的社会，对关键数字技术、设备、平台和数据的掌控直接关系到个人隐私与信息安全、产业安全、政治安全、国防安全等国家安全各个方面。因此，数字经济已成为全球竞争的焦点领域。

（四）平台模式成为主要支撑

各种数字平台是数字经济的微观基础，平台企业是数字经济的神经中枢。要夯实数字经济发展的微观基础，加快社会数字化、政府数字化的发展。平台是数字经济的"新支柱"。平台是一种现实或虚拟空间，该空间可以导致或促成双方或多方客户之间的交易，平台的本质是市场的具化。① 平台的特点是提供交易规则与互动环境，并将其开放给不同

---

① 徐晋、张祥建：《平台经济学初探》，《中国工业经济》2006 年第 5 期。

群体，利用网络外部性令其相互吸引。平台是数字要素离散化解构之后的全息化重构方式。平台是"长尾理论"的有效诠释，因为它更加关注潜在中小市场、散户市场需求的变化，以及市场终端"最后一公里"对提升服务品质的关键作用。在数字经济时代，平台模式正在以一种崭新的运营模式颠覆着传统产业竞争格局，推动着产业大范围分工整合。

平台模式在商业生态系统中扮演着越来越重要的角色，这种商业模式创造价值的逻辑就是通过"连接"与"聚合"降低平台参与者的交易成本，并使网络效应得以发挥。平台的出现推动了整个社会的数字化，为小微企业提供世界级的数字基础设施，最大程度地释放了小微企业的潜力。整个社会信息成本大幅度下降，公司信用不再和规模直接挂钩，直接促成了大规模协作的形成。

第二节　中国数字经济的发展状况

作为当前全球第一数据资源大国和全球第二大数字经济体，中国在数字时代享有独一无二的规模优势。党的十八大以来，以习近平同志为核心的党中央高度重视发展数字经济，构建了既有顶层设计又有具体举措的政策体系。2023 年 2 月，《数字中国建设整体布局规划》提出，到 2025 年基本形成横向打通、纵向贯通、协调有力的一体化推进格局，数字中国建设取得重要进展。近年来，我国依托国内超大规模市场，加快基础设施建设、强化科技创新、促进创新创业，推动我国数字经济保持快速发展势头，在消费互联网等领域形成明显优势，成为推动世界数字经济发展的主要力量。当前，中国数字经济发展速度快、辐射范围广，对社会影响程度越来越深，正在进入专业化发展推进阶段。

一、数字经济整体规模不断扩大

数字经济已成为推动中国经济发展的重要引擎，未来将继续保持高速发展态势。在过去十几年内，我国数字经济总量持续上升，尤其在2008—2017年呈现了较高的增速，在此期间，计算机、互联网开始普及到千家万户，数字技术融入了人们的日常生活，从而带动了数字经济的发展。

数字经济进一步实现量的合理增长。2022年，我国数字经济规模达到50.2万亿元，同比名义增长10.3%，已连续11年显著高于同期国内生产总值名义增速，数字经济占国内生产总值比重达到41.5%，这一比重相当于第二产业占国民经济的比重（图4-1）。据估计，到2025年，我国数字经济规模有望突破80万亿元，到2030年破100万亿元。数字

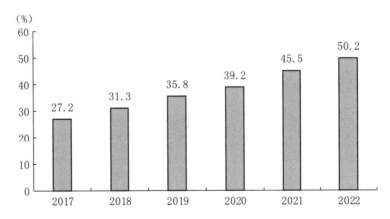

资料来源：中国信息通信研究院。

图 4-1　我国数字经济规模及 GDP 占比

经济对我国经济发展的作用日益增强，在国民经济中的地位愈发突出。

数字技术进步加快。我国数字经济的创新能力快速增强，第五代移动通信技术核心专利数量居世界第一，其商业化、规模化应用世界领先。依托消费互联网的快速发展和海量数据，我国互联网企业衍生发展出大数据、云计算、人工智能等先进数字技术，人工智能领域论文和专利数量居于世界前列，"神威·太湖之光"超级计算机首次实现千万核并行第一性原理计算模拟，图像识别、语音识别等人工智能技术走在全球前列。量子通信、量子计算等前沿技术取得突破，"墨子号"实现无中继千公里级量子密钥分发，76个光子的量子计算原型机"九章"、62比特可编程超导量子计算原型机"祖冲之号"成功问世。全国一体化大数据中心体系基本构建，"东数西算"工程加快实施。建成一批国家新一代人工智能公共算力开放创新平台，以低成本算力服务支撑企业发展需求。

二、数字经济结构不断优化升级

数字经济结构不断优化升级，表现在数字产业快速发展和各产业数字化深入两个方面。一方面，新兴数字产业蓬勃兴起，如电商、网络游戏和大数据产业等规模不断扩大，带动数字经济高速增长；另一方面，传统产业利用数字技术实现智能化升级，推动产业变革与转型。

在数字产业发展方面，各类数字平台企业在激烈竞争中不断扩张，电子商务和网络游戏产业规模持续扩大，大数据与云计算产业高速发展，新兴产业如人工智能产业规模突飞猛进。这些新兴数字产业的发展，成为拉动中国经济增长的新引擎。在产业数字化方面，传统产业利用云计算、大数据、人工智能等技术实现智能化改造与数字化升级，如汽车、机械制造等行业应用工业互联网和智能制造，实现自动化生产；电力、交通等基础设施行业推动智慧城市和智能交通建设；金融业利用大数据和人工智能实现精细化风控与个性化服务，数字化转型加速产业变革与结构优化。

数字经济发展呈现出数字产业崛起与各产业数字化转型并行的态势。数字产业高速发展带来新的增长点，推动产业结构升级；而传统产业积极开展数字化转型提高生产效率和服务质量，加速产业变革与升级。两者相互促进，共同推动中国经济稳定增长与高质量发展。2015年以来，我国数字产业比重逐年减小，而产业数字化比重逐年上升。原因在于，相较于传统产业，数字产业的发展源于数字技术进步，比重相对来说还是较少，而产业数字化是对传统产业进行数字技术赋能改造，是数字经济发展的重要组成部分，随着数字技术与传统产业的融合度提高，产业数字化应会持续扩张。

2022年，我国数字产业化规模达到9.2万亿元，同比名义增长10.3%，占国内生产总值比重为7.6%，占数字经济比重为18.3%，数字产业化向强基础、重创新、筑优势方向转变（图4-2）。

同时，互联网、大数据、人工智能等数字技术更加突出赋能作用，与实体经济融合走深向实，产业数字化探索更加丰富多样，产业数字化对数字经济增长的主引擎作用更加凸显。2022年，产业数字化规模为

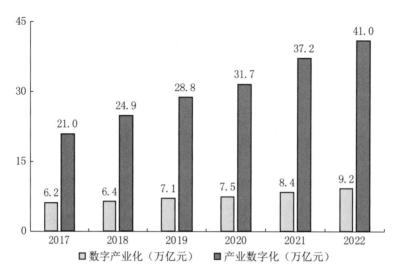

资料来源：中国信息通信研究院。

图 4-2　中国数字产业化和产业数字化规模

41 万亿元，同比名义增长 10.3%，占国内生产总值比重为 33.9%，占数字经济比重为 81.7%（图 4-3）。

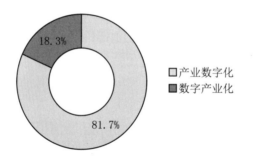

资料来源：中国信息通信研究院。

图 4-3　中国数字经济的内部结构

　　尽管在总体上，我国数字经济发展呈现出快速增长的趋势，但相对于产业数字化而言，数字产业化占比是不断下降的。这意味"融合"经济是未来的发展重点，独立的数字产业发展放缓，随着数字技术革新，互联网、大数据、人工智能和 5G 等技术与实体经济深度融合，产业数字化对数字经济增长主导作用更加显著。

三、数字产业创新能力不断提高

深入实施创新驱动发展战略，推进关键核心技术攻关，加快锻造长板、补齐短板，构建自主可控产业生态。

（一）关键核心技术取得突破

数字技术研发投入逐年上升，量子计算原型机、类脑计算芯片、碳基集成电路等基础前沿领域取得原创性突破，人工智能、区块链、物联网等新兴领域形成一批自主底层软硬件平台和开源社区，关键产品技术创新能力大幅提升，初步形成规模化应用效应。数字技术研发投入不断增加，人工智能、5G、区块链等前沿技术加速发展，新技术新业态层出不穷，关键产品技术不断开展高质量创新活动，部分创新结果已投入规模化生产应用。

（二）产业创新活力不断提升

产业创新能力取得突破性进展，人工智能、物联网、量子信息领域发明专利授权量居世界首位。根据国家知识产权局公布的数据，截至 2022 年底，我国整体数字经济核心产业发明专利授权量达到 32.5 万件，同比增长 17.9%，数字经济领域的创新活力凸显，产出效应增强。各类数字产业的创新日趋活跃，创业热情高涨，初创企业快速增长。十年来，根据国家市场监管总局公布的数据，以新技术、新产业、新业态、新模式为发展导向的"四新"企业新设 2545.4 万户，全国新设数字经济核心产业企业达到643万户，2022年占比达到15.3%，其中"数字技术应用业"和"数字要素驱动业"为主要发展产业，占比分别达到50.0%和41.6%，新兴企业通过技术创新快速崛起，滋生新的业态与增长点，成为拉动数字经济发展的新引擎。企业创新在数字产业落地生根，产出效应已初显。

（三）数字经济全要素生产率稳步提升

全要素生产率是用来衡量生产效率的指标。全要素生产率的增长使产出增长超过要素投入增长率的部分，表示由于技术进步、配置效率、规模经济、范围经济等带来的产出增长的部分。在计算上，全要素生产率的增长率是除去劳动、资本、土地等要素贡献之后的"余值"。2012年至2022年，我国经济生成效率持续提升，成为整体经济效率改善的重要支撑。

从总体上看，我国数字经济全要素生产率从2012年的1.66上升至2022年的1.75，提升了0.09，同期国民经济全要素生产率由1.29提升至1.35，仅提升了0.06，数字经济全要素生产率对国民经济生产效率起到支撑、拉动作用。分三次产业看，第一产业数字经济全要素生产率平稳发展，由1.03上升至1.04，提升幅度较小。第二产业数字经济全要素生产率受疫情影响较大，十年间整体呈现先升后降态势，由2012年的1.65上升至2018年的1.69，随后持续下降至2022年的1.54。第三产业数字经济全要素生产率快速提升，由2012年的1.70上升至2022年的1.90，提升幅度最大，这在一定程度上有助于缓解我国服务业"鲍莫尔病"问题。

第三节　数字经济与实体经济融合的现状

数字经济与实体经济之间存在着天然的协同性，前者依托数据与算法实现高效流通与配置，后者控制现实资源与关系，双方融合可弥补各自的短板，构建出生产要素高效流动的新循环路径，这是推动高质量发展的内生动力，也是应对新经济常态下各类风险与挑战的重要途径。目前，数字经济正加速渗透实体经济各领域，新技术赋能、新业态驱动、产业链重塑与消费渠道拓展，成为推动数字经济与实体经济深度融合的重要路径。这必将释放出协同增效，赋予实体经济持续增长新动力，同时培育数字经济新业态，实现双向驱动与互利协作，促进实体经济高质量发展，还能培育数字经济新动能，实现互利共赢。

一、数实融合的政策支持力度加大

国家高度重视数字经济发展，出台一系列政策措施，加快形成数字经济发展政策体系，加强了数字经济发展的顶层设计和制度环境（表4-1）。结合大力发展新技术新产业、完善数字基础设施、深化改革开放、完善法治体系和市场体系等举措，共同推动产业链现代化、产业基础高级化和产业结构优化，涉及产业政策、税收政策、创新政策等多个层面，着力打通数字经济与实体经济之间的壁垒，构建融合发展生态，加速双方自然渗透与协同链接，融合产出极大协同增效，服务数字经济新动能培育与实体经济高质量发展，为数字经济发展夯实了政策基础。

表 4-1 中国数字经济与实体经济融合的相关政策

发布时间	政策名称	主要内容概括
2023 年 2 月 27 日	《数字中国建设整体布局规划》	明确数字中国建设的战略部署，提出"2522"框架布局，完善两大基础，构建五位一体，强化两大能力，优化两个环境。
2022 年 1 月 12 日	《"十四五"数字经济发展规划》	"十四五"期间，明确我国发展数字经济的总体思路、发展目标、重点任务和主要措施。
2021 年 12 月 27 日	《"十四五"国家信息化规划》	围绕"十四五"时期国家信息化发展目标，明确五个主攻方向，部署十个主要任务，推动数字化信息化全面发展。
2021 年 11 月 17 日	《"十四五"信息化和工业化深度融合发展规划》	明确"十四五"时期，信息化和工业化的融合发展目标，推动信息技术在制造业渗透融合。
2021 年 11 月 15 日	《"十四五"大数据产业发展规划》	"十四五"时期，围绕数据要素的价值、赋能、分配等进行整体部署，构建稳定高效、自主可控的产业生态。
2020 年 4 月 7 日	《关于推进"上云用数赋智"行动培育新经济发展实施方案》	依托"上云用数赋智"推进数字经济新业态发展，构建数字化生态体系和生产范式。
2020 年 3 月 18 日	《中小企业数字化赋能专项行动方案》	针对中小企业明确数字化转型和赋能的具体措施，鼓励支持中小企业数字化创新。
2019 年 10 月 20 日	《国家数字经济创新发展试验区实施方案》	在数字经济创新发展试验区大胆探索发展模式、法律法规、生产模式等，在试验区明确发展方向，提炼可借鉴经验。

资料来源：作者整理。

在产业政策上，推动制造业与数字技术深度融合，鼓励传统产业数字化改造升级；在税收政策上，为数字经济企业与实体经济企业的产业融合发展提供优惠政策扶持；在创新政策上，鼓励新技术在实体经济各领域的应用与落地，支持融合型产业链重塑。这一系列政策举措，正推动产业融合渐成发展主流，数字技术成为高质量发展的新引擎，数据要素在整个生产活动中发挥重要作用。政策引领下，数字经济正以生态化的方式嵌入实体经济，推动产业链一体化、消费渠道融合，形成难以割裂的相互依存关系。数字经济新业态与模式赋能升级，实体企业降本增效，释放出巨大的产业协同发展潜力，在全球产业格局重塑与全球价值链重构的大背景下，我国有望通过这一融合路径抢占先机。

二、数实融合的基础设施不断完善

随着数字中国、网络强国等发展战略不断推进，我国正在加快信息基础设施、数据中心、算力中心、新技术基础设施等的部署，推动数字技术在能源、交通、医疗等各领域基础设施的广泛应用，为数实融合提供了坚实的基础。

在"宽带中国"国家战略指导下，我国已经建成了全球最大的光纤和移动宽带网络。截全2022年7月，我国累计建成开通5G基站达196.8万个，互联网普及率在2021年达到73%，网络使用人数达10.32亿人，手机用户总数达16.43亿户，其中5G手机用户达3.55亿户；全国在用数据中心机架总规模超过590万标准机架，建成153家国家绿色数据中心，服务器数量约2000万台，算力总规模超过150EFlops（每秒15000京次浮点运算次数），位居世界第二。

除此之外，北斗三号全球卫星导航系统开通，中星16号高通量卫星、天通一号移动通信卫星等都进入商业运营，中低轨卫星星座进入实验星验证阶段。从新技术基础设施架构看，人工智能、区块链等基础设施已经开始进行初步的探索和部署。人工智能逐渐形成开发平台、通用人工智能平台和行业专用人工智能平台等基础设施新形态，智能语音、计算机视觉、自然语言处理等通用人工智能平台逐渐成形，辅助诊疗、自动驾驶、城市大脑等行业专用人工智能平台在快速推广，自主化的区块链底层平台不断涌现。

三、数实融合程度日益加深

数字经济与实体经济融合程度正日益加深，新技术正在全面渗透实体经济各个角落，从生产装备到管理系统，从业态创新到商业模式，双方融合的步伐与广度都在加快。产业链重塑推动上下游深度重组，消费渠道融合激活实体场景，数据链条贯穿整个经济循环，要素高度流动带来协同效应。这一进程显示，数字经济正以生态化的方式嵌入实体经济各要素之中，二者界限正迅速消解，重叠部分不断扩大，彼此依赖日益紧密。

实体企业积极拥抱数字化，通过平台赋能和智能化提质增效，数字企业也开始重视线下场景，寻求与实体企业的深度融合。产业融合渐成潮流，推动既有产业链条重新构建。这种渐进的相互渗透，使得数字经济与实体经济之间形成难以割裂的相互依存关系，生产要素在二者间高效流动，商业模式融合创新，产业链一体化重塑，数据驱动下各类资源实现协同优化配置，释放出协同效应，赋予经济社会发展持续的新动力，培育具有海量潜力的新兴增长点。数字经济与实体经济两者深度融合的主要推动力为产业数字化，二者相互融合发展已经成为我国经济增长的重要特征与主导力量。

四、数字经济对产业赋能作用不断增强

在国家大力推进数字化战略的指导下，服务业、制造业和农业等各领域的信息化水平不断提升，并以人工智能、大数据等数字技术为引领，持续推进数字化融合与改造，成为数字经济与实体经济融合发展的关键领域。

（一）数字经济对农业的赋能作用

在农业方面，借助新型数字化信息技术，我国农业在数字化感知、数字化决策以及数字化营销等方面有了丰富的实践成果。

在数字化感知方面，借助物联网，通过安装传感器、摄像头、全球定位系统（Global Positioning System，GPS）等设备，实现对农作物、畜禽、土地、气候等信息的实时监测和收集，能够帮助农民更好地管理农作物、调整种植方案，预测疾病和害虫的爆发，以及优化水资源利用等。

在数字化决策方面，遥感卫星、智能农机、地下传感设备等信息化设备构成了农业集成化信息感知网络，通过对海量农业相关数据进行收集、整理和分析，实现对农业生产的预测、规划、优化。例如，通过数据分析，可以预测农作物生长周期、病虫害暴发情况，帮助农民制定合理的栽培方案和管理策略。

在数字化营销方面，利用数字化和信息化的优势，通过电子商务平台，借助在线直播宣传、网上下单订购、智能物流配送的方式开展农产品的销售，将农产品与消费者直接联系起来。这种模式不仅拓展了传统交易方式，还对供应链环节进行了简化，降低了农产品交易成本，提高

农产品销售效率，为消费者提供了更加方便、快捷的购买渠道。同时也能够让农业生产者准确、实时了解市场动态信息，了解市场需求状况，帮助农业生产者降低农业生产风险，科学合理组织生产。农业与数字化的结合，对盘活农村经济，增加农村居民收入，巩固脱贫攻坚成果，实现乡村振兴具有重要作用。

（二）数字经济对制造业的赋能作用

在制造业方面，工业互联网和智能制造技术应用加速推进。通过网络化生产设备、智能机械人和以云计算为基础的智能工作站等，实现工厂自动化和生产过程数字化。

大数据分析优化生产规划和质量控制，人工智能辅助工程设计和生产调度，提高资源利用效率和产品质量。制造业企业充分运用数字化技术，围绕产业链和供应链的协同和资源配置优化，在研发、生产、仓储物流和销售服务等各个环节都进行了数字化改造应用，数字化赋能降本增效作用明显。

数字经济也为制造业的供应链带来更高效的管理方式。通过物联网、大数据等技术，企业可以实现对供应链的实时监控和管理，同时可以利用数据分析，对供应链的效率和成本进行优化。例如，利用大数据的处理分析，企业可以更准确地预测市场需求，进而实现对存货的最优管理，减少库存成本。

（三）数字经济对服务业的赋能作用

在服务业方面，以"互联网＋"为基础的新型数字服务模式加快形成，数字化程度逐步加深，服务品质不断提高，服务效能持续提升。随着服务业不断深入使用 5G、车联网、人工智能等数字化技术，服务业线上线下的融合程度加深，服务标准化、细致化、无人化等特点逐步展现。金融、物流、贸易等生产性服务利用信息化和数字化完善服务系统和管理模式，提升了运营效益和服务质量，无人化配送、直播电商等服务业态纷纷涌现；餐饮、出行、家政等生活性服务业借助数字化技术，探索并提升了数字化营销、供应链数字化管理以及数字化服务，服务的便利性和高效性均有改善。在新冠肺炎疫情期间，在线教育、互联网医疗和居家服务等产业迅速发展，健康码、远程办公等软件创新应用，有力支撑疫情防控和复工复产。

第四节 数字经济与实体经济融合的特征

实体经济是一国经济的立身之本和命脉所在，数字经济是当今世界科技革命和产业变革的阵地前沿，推动数字经济与实体经济深度融合，成为抢抓新一轮科技革命机遇和推动新一轮产业变革的关键环节。数字经济是一种全新的经济形态，数据资源是数字经济的关键要素，数字技术是数字经济的核心支柱，现代信息网络是数字经济的主要载体，对实体经济产生巨大的赋能和渗透作用，形成广泛的融合特征。数字经济使产业边界、行业边界、市场主体边界趋于模糊，推动第一、二、三产业之间及产业内部出现融合趋势，促进生产者和消费者出现融合现象。

一、生产要素的深度互动

新技术、新数据与新算法等数字要素重塑传统要素，形成新的生产功能与关系，这释放出更强大的协同效应，成为推动两种经济形式融合的重要特征。数字技术与实体资源进行深度融合，数据作为新一代生产要素与传统生产要素互为促进，相互赋能。传统要素利用新技术获得数字赋能，现实功能得到扩展，新技术也将数据要素与传统要素融为一体，产生新的生产关系与组合形态，这使生产要素之间的互动不再局限于简单加总，而是在数字化环境下产生协同与融合，形成全新的生产力。

新技术革命带来的数据爆炸、计算机能力提高和算法创新，使得数据资源的采集、存储与分析成为可能，数据要素得到空前积累与应用，可以广泛介入生产与管理过程。同时，新技术带来的新产业、新业态和新模式，也更加依赖数据要素来激发活力和创新动能。数据要素能够激活传统要素活力，推动要素不断丰富和升级，多个要素深度融合可以进一步释放数据生产力，数据要素的广泛应用必将改变企业组织形式和竞争方式，推动经济社会的数字化转型。

数据要素融入生产与生活中主要体现在以下两个方面。一是数据、算法和平台等数字经济要素与实体资源实现深度融合，大数据、云计算与实物资源实现密切连接与协同，数据赋能实物资源，推动其精准配置与高效利用，人工智能算法与生产流程、管理流程实现深入结合，赋予传统流程智能属性，实现自动化与智能化，数字平台与实物交易场景深度结合，扩大交易范围与效率，降低交易成本，优化交易结构，丰富交易方式，提高交易效率。二是虚拟要素与实体要素融合互动，借助网络空间的开放与连接属性，使实物资产拥有更强的流动性与灵活性，实现高效配置，虚拟要素的数字化表达与模拟能力，也能够与实物要素实现深度融合设计与开发，释放出生产要素组合创造的巨大潜力，推动产业变革与产品创新。因此数据作为数字经济时代的新要素，通过赋能传统生产要素，并与其他生产要素互动融合，是数字经济时代产业变革的重要特征。

二、生产方式的数字化转型

基于数字技术的广泛应用，传统产业的生产方式不断进行数字化赋能和改造，形成数字化产业生态系统。新技术与实体产业融合速度和深度不断加快，从渗透到重塑再到重构，实现深度互动和融合，推动实体产业数字化、网络化、智能化转型，释放出更大潜能。人工智能、大数据、云计算、区块链等新技术正在加速渗透到实体产业中，从表面应用到深度融合再到全面重构，实现产业数字化、网络化与智能化转型，释放产业潜力。如工业4.0将人工智能与传感器融合，实现工厂智能化；金融科技将大数据与金融业务深度融合，提高业务效率与风控能力。这种深入融合能够促进企业内以及产业之间优化生产要素配置，推动实体产业升级，实现产业数字化。

随着以数字化技术重塑流程、连接要素、打造平台的数字化转型在各行业加速开展，以数据、人工智能、5G等技术为基础的新兴数字产业规模不断扩大，数字模式与实体模式加速融合演进，人与人、机与机实现更加广泛而深入的连通，产生更深层次的融合效应，互联互通加深融合，催生万物互联、实时共享的应用场景与商业模式，进一步延伸数字经济与实体经济融合的深度与广度，加速产业数字化向深层次拓展，提高产业整体效率与附加值，优化产业链条结构。①

在新冠肺炎疫情期间，数字化应用充分展现了数字技术在应对外界冲击、提升企业和产业抗风险韧性、稳固经济增长等方面的能力，在此阶段大量企业加速数字化转型、共享生产数据，精准匹配供给端和需求端。因此，数字经济与实体经济深度融合发展的内核是实现生产方式的数字化、信息化和智能化，通过上下游产业关联、技术扩散溢出等效应，加速推进产业数字化，推动经济高质量发展。

三、融合创新推动经济结构变革

数字经济基于新技术和新模式，推动了经济活动的创新，促进了新产品、新服务和新业态的出现。创新化的数字经济能够带来更多的机遇和挑战，为经济发展提供更多的动力和支撑，推动经济结构升级和变革。同时，数字技术的广泛应用加速了各学科领域的相互促进与交叉融合，释放出跨学科交叉的互动机制与合作潜力，为新理论创新提供更为广阔的视野与路径选择，产出跨领域的交叉研究成果，推动了数字融合创新的发生。

---

① 赵梦：《"十四五"时期数字经济赋能高质量发展的创新路径》，《西南金融》2023年第 3 期。

数字经济与实体经济互动的融合创新特征，主要体现在三个方面：一是数据融合创新。数字经济将各种数据进行融合和分析，挖掘出更多的商业机会和价值，加速数据在生产经营各个环节的渗透，释放数据红利，推动产业变革，开启数字经济发展新阶段。例如，通过大数据分析，企业可以更好地了解消费者的需求和行为，从而调整产品策略和市场推广。二是技术融合创新。在数字化过程中，云计算、大数据等技术起到枢纽作用，连接数字经济与实体经济，构建共享的技术基础设施与能力，从而打破技术之间存在的壁垒，催生技术的跨界运用与新技术的涌现，为技术革命和产业革命创造条件。三是产业融合创新。数据采集与分析技术渗透到产业链全过程，实现精准匹配与优化配置，数字经济将传统行业与数字技术进行融合，形成新的商业模式和生产方式，这将令原有产业边界越来越模糊，数字经济与实体经济正在构建出协同的发展关系与相互依存的产业生态，在市场化竞争中，催生出一系列的新业态、新平台、新生态。数字化创新正在主导和引领社会经济生产方式、产业结构的变化，进而引起经济结构的调整和升级。

第五节　数字经济与实体经济融合的趋势

加快数字经济发展，推动数字经济和实体经济深度融合，切实增强实体经济的综合竞争力，越来越成为把握新一轮科技革命和产业变革新机遇的必然选择和当务之急。谁能抓住这个"牵一发、动全身"的战略关键点，谁就能在未来世界经济竞争中抢占先机。海量数据成为新兴战略资源，催生了云计算、人工智能、边缘计算等新技术，不但释放了生产潜能，提高了生产效率，也开辟了新的商业模式，促进实体经济的发展。推进数字经济与实体经济深度融合已经成为产业变革与高质量发展的必由之路，这需要在政策引导下，推动新技术与实体经济深度融合，营造有利于产业链重塑与新业态培育的生态环境。

一、数字技术加速迭代

数实融合正进入泛在感知、高速联接、高效计算、规模存储、共享智能的新阶段，以大数据、云计算、人工智能、区块链为代表的新一代信息技术加速迭代、集成突破，并与材料、生物、航天等新技术交叉融合，将加速构建以"数据＋算力＋算法"为核心的数字空间，为数实融合发展提供重要牵引。

围绕"数据＋算力＋算法"的技术集成创新持续加快，将持续降低数据开发利用成本，提升算力普惠水平，推动算法快速部署和转化应用，赋予数实融合更多动力。一方面，围绕"5V"的技术创新加快，数据分析和数据认知技术将受到较高程度重视，大数据不再作为纯粹独立的技术，其与虚拟现实、云计算、物联网、人工智能、工业互联网等技术交叉融合态势日趋增强，通过紧密相关的信息技术融合应用体现其价值。另一方面，以云计算、边缘计算为代表的分布式算力将加速发展，依托全国一体化大数据中心体系、"东数西算"等工程建设进一步推动算力普惠共享，成为数字经济时代的底层基础设施。此外，以人工智能、机理模型为代表的算法技术应用领域不断扩大，算法载体从独立电脑到嵌入式设备，再到各种智能设备，算法作用边界将从单机软件持续延展，逐步渗透到企业业务流程、生产控制，以及关系社会民生的平台经济。

数字孪生、区块链、虚拟现实等前沿技术多维交叉，将进一步衍生出新的应用方向。Web3.0作为一个随着区块链技术兴起的新生代互联网，具备去中心化、免信任、免许可用户等特征，从2008年比特币白皮书诞生，到2014年Web3.0概念提出，再到2021年的非同质化通证（Non-Fungible Token，NFT）爆发，Web3.0逐渐发展为一个接近3万亿美元的庞大科技产业。Roblox、Facebook、英伟达等企业重仓布局Web3.0、元宇宙，集中打造用户主导、去中心化的网络生态，将在区块链公链、非同质化通证（Non-Fungible Token，NFT）、去中心化存储、去中心化金融（Decentralized Finance，DeFi）等方面率先突破。

二、数实融合日益深化

数字经济已经越来越深地融入实体经济，贯穿整个产业链，融入生产制造、服务消费、技术研发等全过程，深深地植入经济、政治、文化、社会、生态乃至人们日常生活的每一个环节。数字经济与实体经济融合的广度和深度都将前所未有地扩展，不能数字化转型的企业、工艺都可能被市场淘汰。数字化转型将成为企业存活和发展的唯一路径选择。

为抢抓数字经济带来的新机遇，各国都在提前布局，力求抢先夺得主动权，抢占数字经济制高点，特别是美国、欧洲均期望利用新一轮的数字技术，争夺全球创新领导地位。数字经济有一个明显的特点，即伴随媒体、电信和科技的愈发集中，市场竞争将转变为"赢家通吃"的垄断竞争，引领数字经济发展的国家将"成为世界的统治者"。因此，从"起跑线"出发到率先抢占数字经济制高点，成为数字经济发展至关重要的"窗口期"，必将深刻影响全球竞争格局。

2019年以来，美国密集出台一系列政策措施，剑指抓住该"窗口期"。2019年2月，时任美国总统特朗普签署"维护美国人工智能领导力的行政命令"，发布《国家人工智能研发战略规划：2019年更新版》，决定启动《美国人工智能计划》，将通用人工智能定为国家优先事项，重点维持和加强美国在人工智能研发和部署方面的科学、技术和经济领导地位，同时也从安全性、伦理和社会影响、数据共享、技术标准、研发人员、公私合作等角度提出了明确要求。

其他一些国家和组织也相继制定出台推动新技术发展的政策措施。2020年2月，欧盟委员会发布《塑造欧洲数字未来》战略文件，提出欧盟数字化变革的理念、战略和行动，力求建立以数字技术为动力的欧洲社会，将欧洲打造成为数字化转型的全球领导者。2018年11月，德国发布国家通用人工智能战略，不仅勾勒出本国通用人工智能发展战略轮廓，同时也涵盖了美国和中国的通用人工智能战略关键要素，抢占全球战略制高点的意图非常明显。2019年9月，德国正式发布《德国区块链战略》，决定在金融、技术创新、数字服务等多个重点领域采取支持措施。同时，日本也发布《科学技术创新综合战略2020》，针对通用人工智能、物联网、大数据等革命性网络空间基础技术和机器人、3D打印等革命性制造技术，以破坏性创新为目标，制定战略性创新创造计划。全球主要发达国家在数字经济上的努力，凸显出数字经济及其与实体经济融合发展的当前态势和未来趋势。

从我国情况看，推动数字经济与实体经济深度融合，构建产业和技术竞争新优势，已经成为我国增强经济和科技竞争力，实现弯道超车、后来居上最现实的可行路径。数字经济是一个全新的领域，不仅对于我国是新的，对于发达国家同样是全新的，从某种意义上说，数字经济将我国和发达国家放到同一条竞争起跑线上。加之我国人口多、数据资源规模大、数据应用领域广，因此在数字经济发展方面较发达国家存在一定优势。从某种意义上说，加快数字经济发展，推动数字经济和实体经济深度融合，切实增强实体经济的综合竞争力，正在为我国抢抓新一轮科技革命机遇，实现弯道超车、高质量发展，创造出极其宝贵的战略窗口期。

数字技术正以新理念、新业态、新模式全面融入人类社会各领域和全过程，推动着经济社会的深刻变革。今后一段时期，应进一步深刻认识"数字经济和实体经济深度融合"的本质，坚持问题导向和目标导向相结合，牢牢把握新一轮科技革命战略机遇，充分运用前沿数字技术，对传统产业、传统模式进行全方位、全链条、系统化改造升级，全面构筑起数字经济和实体经济深度融合发展的新优势。

三、融合平台趋向生态化

在数字经济的平台生态中，平台是连接各方的核心。平台运营商利用技术手段，将不同产业、企业和个人连接起来，形成一个平台生态系统，平台生态系统中的各个参与方都可以通过平台实现互相合作，实现数据和价值的共享和流通。在数字经济条件下，数字平台依靠云计算、大数据、人工智能等技术，实现供需双方数字化对接与互动，成为各类交易与协作的基础设施，使得平台可以聚集大量用户与相关企业，产生强大的网络外部性与规模经济，推动企业、个人与其他要素向平台聚集，加速形成产业生态。

数字平台还通过算法与人工智能等技术实现高效匹配各类供求信息，这使得更多交易获得技术赋能，各类资源在平台上高效配置。目前，以数据为基础的超大平台企业正在加速形成，为多个产业及众多企业提供基础设施与依托。如阿里云提供计算、存储、网络等基础服务，字节跳动数据平台汇集教育、医疗、交通等海量数据，为开发者及行业企业提供基础设施，这将加快产业数字化转型，降低数字化成本。各大平台将生态系统建设提升为重点发展战略，推动合作伙伴及相关企业实现融合发展，形成互补合作的产业生态系统，带动相关企业共同发展。

跨界数据及算法应用的融合平台在未来也将加速涌现，连接不同行业，推动跨界合作。例如，美团点评基于商业数据的算法平台让餐饮、酒店等行业实现业务升级，打破行业壁垒，创造新的价值与增长点。随着数字经济与实体经济的融合不断深入，融合的平台将不断趋于生态化，具体来看，数字经济的平台生态化主要体现在以下两个方面。一是数据的共享和流通。不同的产业和企业将通过平台共享数据，各种生产要素在平台间有序地流动循环，从而实现更好的决策和创新。二是价值共创。数字经济的平台生态可以通过多方参与，实现价值共创，在未来通过协同合作创造更多的经济价值，挖掘新的经济增长点。

四、重塑价值链和产业链

数字经济引领的新一代技术革命正在推动全球的经济社会活动发生变革，开启新一轮产业变革、产业转移与产业链重组，数字经济发展背景下的全球价值链更加有效率，资源配置更加合理，价值链分工更加灵活。传统产业链和价值链相对冗长，"微笑曲线"两端的企业由于掌握了传统的核心生产要素，能够在价值链中获取高附加值和高利润回报，而从事生产、组装等环节的企业只能获得低附加值，因此传统企业在发展时趋向于向价值链上游或下游侧重，以此实现持续盈利和高回报。数字化、智能化的数字技术普及，能够影响研发、生产、组装、售后和管理等价值链的环节，重塑实体产业价值链，提高其连续性、协同性。

首先，上下游企业通过数字化平台实现深度融合、互联互通，实现资源与信息高效共享，优化产业链条结构，价值链各环节通过数据流通加强协同，能够优化资源配置，减少信息失真与交易成本。

其次，数字技术广泛应用在制造业领域，制造流程重构升级，新技术将数字技术与制造工艺深度融合，实现自动化生产和个性化定制，重构传统的人工装配流程，促进生产过程升级，提高产出质量与效率。

最后，数字技术的应用和赋能使得传统的产业边界变得模糊，促进了跨界融合与重塑，打破了原有产业边界，拓展了产业链条，形成新的产业生态系统，同时数据要素与传统生产要素的互动融合也能够催生新业态、新模式，重塑商业形式与交易方式，开拓新的盈利空间，重构企业与消费者的关系。

五、重构空间发展格局

数字技术具有高渗透性、广辐射性等特性，能够通过数字化、智能化赋能，引起经济生产和社会生活的重大变革。传统的经济发展空间格局依赖生产要素的聚集，在一定的空间范围内形成产业聚集，带动区域发展，但是数字技术让实体企业空间布局更加灵活与全球化，实体资产与数字化资产可以实现有机融合，能够拓宽市场空间，优化资源配置，突破传统生产要素的空间和地理限制，形成新的区域空间格局和发展模式。数字技术使企业能够跨区域组建全球化产业链条与生态系统，促进不同区域的企业实现深度协作与互动，形成超越地理限制的产业集群，构建全球化产业空间布局。

由于数字经济的发展依靠数字基础设施和数字人才，随着数字经济发展深入，区域发展会受限于经济基础、教育资源、对外开放水平和政府干预等因素，导致区域发展不协调、不平衡问题加剧，这需要政府出台相关政策进行引导和扶持。数字经济的发展在影响经济发展空间格局的同时，对现实地理空间的格局也会产生影响，新技术重塑工作、生产、居住模式，改变地理空间用途，例如电商发展让部分零售商圈面临产业升级与转型，原有地理空间需要重新规划与设计，使其发挥更高价值。

　　虚拟现实技术（Virtual Reality，VR）等数字虚拟技术将数字信息与实物环境实现融合互动，重构现实空间属性与使用方式，使现实空间拥有虚拟属性，创造了新的生活体验方式。数字经济与实体经济的融合发展拓展了区域发展的场域，突破了地理空间的限制，重塑产业空间布局与结构，推动资源再配置，为产业升级提供更广阔空间，也是数字经济时代产业转型的重要特征。

第五章

数实融合的水平、特征和影响效应

当今世界正经历百年未有之大变局，我国数字经济发展的内外部环境正在发生深刻变化，既有错综复杂国际环境带来的新矛盾、新挑战，也有我国社会主要矛盾变化带来的新特征、新要求。放眼全球，新一轮科技革命和产业变革深入发展，互联网、大数据、云计算、人工智能、区块链等数字技术创新活跃，数据作为关键生产要素的价值日益凸显，深入渗透到经济社会各领域、全过程，数字化转型深入推进，传统产业加速向智能化、绿色化、融合化方向转型升级，新产业、新业态、新模式蓬勃发展，推动生产方式、生活方式发生深刻变化，数字经济成为重组要素资源、重塑经济结构、改变竞争格局的关键力量。

第一节　数实融合的测度方法

数字经济建设为实体经济的发展提供了源源不断的数字化生产力，人工智能、5G、物联网等新型数字化基础设施，将传输、计算、存储融于一体，给实体经济提供了良好的网络和存储能力，为实体企业数字化、智能化、精细化转型方面提供了新的机会，能有效推动实体经济发展模式和生产方式的转变。数字经济和实体经济的融合水平反映了一个国家或地区在数字化时代的整体经济发展水平。通过测度融合水平，不仅可以更全面地评估一个国家的经济综合实力，还可以帮助政府制定更有针对性的政策，以促进数字经济和实体经济的有机结合，推动创新和经济增长。同时，还有助于全面了解经济的发展状态，指导政策制定，提升竞争力，推动创新，并为决策者提供数据支持，从而推动可持续发展。因此，有必要对数字经济与实体经济的融合水平进行研究，从客观上来把握中国数实融合的水平。

一、数实融合的耦合模型

耦合是指两个或两个以上系统内的各耦合要素通过在时间尺度或空间范围内的相互作用，使彼此系统内部各要素由无序向有序演化、并取得协同发展，进而影响系统变化的特征和规律，常以耦合度来进行衡量。耦合度多侧重于不同系统之间的相互作用，协调度体现的是系统由无序走向有序的趋势，主要着重强调其发展程度是否相同或者说是否向共同的方向发展。因而，依据数字经济和实体经济指标体系，构建耦合协调模型，测度数字经济和实体经济融合水平，能更科学地评判各个地区数实融合发展的优良状况。

耦合度公式为：

$$C_{it} = \frac{2\sqrt{dig_{it} \times reco_{it}}}{dig_{it} + reco_{it}} \tag{5-1}$$

耦合度取值范围是 $0 \leqslant C_{it} \leqslant 1$，$dig_{it}$ 表示 i 省份第 t 年的数字经济发展水平，$reco_{it}$ 表示 i 省份第 t 年的实体经济发展水平，当 $dig_{it} = reco_{it}$

时 $C_{it}=1$，耦合度达到最高值，反之耦合度会偏离均衡状态。此外，由于耦合度不能反映所有区域整体协调水平和整体效益大小。因此，本文引入耦合协调度，公式如下：

$$D_{it} = \sqrt{C_{it}\, T_{it}} \qquad （5\text{-}2）$$

$$T_{it} = \alpha dig_{it} + \beta reco_{it} \qquad （5\text{-}3）$$

D_{it} 为耦合协调度，C_{it} 为耦合度。T_{it} 为系统协调发展水平综合评价指数，α 为 dig_{it} 权重，β 为 $reco_{it}$ 的权重。数字经济和实体经济对于实现耦合协调发展的重要性一致，故本文取 $\alpha=\beta=\delta=1/2$。其中，耦合协调程度越高，说明融合发展程度越高。根据 D_{it} 值大小，以 0.1 为一个区间细化四个耦合类型为十个小类型（表 5-1）。

表 5-1　数字经济和实体经济深度融合等级界定

第一层次	第二层次（D 值）	类　　型
耦合型 [0.7, 1.0]	$0.9 \leq D_{it} \leq 1.0$	优质融合发展类
	$0.8 \leq D_{it} < 0.9$	良好融合发展类
	$0.7 \leq D_{it} < 0.8$	中级融合发展类
调和型 [0.5, 0.7)	$0.6 \leq D_{it} < 0.7$	初级融合发展类
	$0.5 \leq D_{it} < 0.6$	勉强融合发展类
失调型 [0.3, 0.5)	$0.4 \leq D_{it} < 0.5$	濒临失调发展类
	$0.3 \leq D_{it} < 0.4$	轻度失调发展类
矛盾型 [0.0, 0.3)	$0.2 \leq D_{it} < 0.3$	中度矛盾发展类
	$0.1 \leq D_{it} < 0.2$	严重矛盾发展类
	$0.0 \leq D_{it} < 0.1$	极度矛盾发展类

二、指标体系设计

遵循客观、科学、准确原则，分别构建数字经济和实体经济的指标体系，依据耦合协调模型测度数字经济和实体经济的融合水平。

（一）数字经济指标

如何科学有效测算数字经济发展程度成为当前学者研究的热点。罗焱卿、万晓榆、袁野（2019）从数字化投入、数字化环境与数字化产出3个方面构建数字经济综合评价体系，还有学者在三元空间理论的基础上，建立数字经济发展评价体系。[①] 关于数字经济的测度方法，主要分为两类：一是直接法，即在数字经济核算界定范围界定后，统计或估算出一定区域内数字经济的规模体量。麦肯锡全球研究院以及中国信息通信研究院等机构都展开了相关研究。二是对比法，即基于多个维度的指标，对不同地区间的数字经济发展情况进行对比，得到数字经济发展的相对情况。[②] 但其在测度方法上并不统一，导致数字经济发展水平测度结果存在差异。

关于数字经济量化的研究，当前并未达成统一，在实际测量中，主要包括以下几个方面。（1）以单一指标来反映。数字经济是一种综合复杂的经济形态，采用单一指标可能不能较为全面地衡量数字经济发展水平。（2）以腾讯研究院构造的数字经济指数。虽然该指数所选用的基础指标相对丰富、评价结果较为全面客观，但在时间跨度上较短，可比性

[①] 罗焱卿、万晓榆、袁野：《数字经济发展的评估指标体系研究——基于投入产出视角》，《重庆邮电大学学报（社会科学版）》2019年第31卷第6期，第111—122页。

[②] 单志广、马潮江、徐清源：《国内外数字经济测度指标体系研究综述》，《调研世界》2018年第11期，第52—58页。

较差，在数据分析中易产生较大的误差。（3）以互联网相关指标为核心，通过纳入数字贸易、数字金融指数来综合评价，此类研究主要应用于数据相对短缺的城市层面。（4）从数字基础设施、数字经济规模、数字技术应用、数字产业发展等多重视角出发，通过构建综合指标体系来进行衡量。

综合此类研究，考虑数字基础设施是数字经济发展的硬件支撑，产业数字化和数字产业化是经济高质量发展的现实体现，数字化监管是数字时代健康发展的核心保障。因此，在综合考虑评价全面性、数据可得性、研究准确性基础上，从数字基础设施、数字产业化、产业数字化、数字化监管四个角度出发构建了各省数字经济发展水平的评价指标体系，并使用熵值赋权法进行测度（表5-2）。

表5-2　数字经济综合指标体系

一级指标	二级指标	指标说明
基础设施	互联网普及率	互联网用户数占常住人口比重（％）
	长途光缆线路长度	长途光缆限度长度（万公里）
	移动电话普及率	移动电话总机数 / 行政区域总人口数 × 100（部）
	互联网宽带接入端口	互联网接入端口（万个）
	互联网域名数	互联网域名数（万个）
数字产业化	电信业务量	人均电信业务量（元）
	软件收入	软件业务收入和产品收入之和（万元）
	信息技术服务收入	信息技术服务收入（万元）
	互联网从业人员数	信息传输软件和信息技术服务业城镇单位就业人员占总人口比重（％）
	数字电视用户数	数字电视用户数（万户）

一级指标	二级指标	指标说明
产业数字化	企业信息化水平	有电子商务企业交易活动占企业总数比重（%）
	企业网站覆盖率	每百家企业拥有网站数（个）
	快递业务数量	快递量（万件）
	数字普惠金融指数	北京大学数字普惠金融指数
	电子商务销售额	电子商务销售额（亿元）
数字化监管	专利申请授权数量	发明、实用新型和外观3种专利授权数量（件）
	科研经费投入强度	地方财政科学技术支出占地区增加值的比重（%）
	数字经济企业数量	企业传输、计算机和软件业法人单位数（个）

（二）实体经济指标

在实体经济方面，主要文献集中于对实体经济的理论内涵及评价分析。对于实体经济概念的界定，学者各持己见。刘志彪（2015）认为实体经济是在直接创造社会财富基础上产生的增值活动，该学者从与虚拟经济对应的视角界定了实体经济图[①]；肖茜和张红军（2019）指出实体经济是经济增长的重要支撑，实体经济测度有助于完善国民经济核算体系，促进经济高质量发展。[②] 李斌、刘典范、赵庆华（2016）提出了基于宏观和微观两个角度的实体经济测度指标体系，分别从就业、生产、利润、技术创新、质量和效益等方面对实体经济进行评估和分析。[③] 高

---

① 刘志彪：《实体经济与虚拟经济互动关系的再思考》，《学习与探索》2015年第9期，第82—89页。

② 肖茜、张红军：《实体经济的测度及其作用》，《中国统计》2019年第12期，第51—54页。

③ 李斌、刘典范、赵庆华等：《实体经济的测度指标体系研究》，《经济问题》2016年第1期，第89—96页。

洋、王志辉、周虎臣（2018）从区域、行业、企业和个体等多个角度出发，提出了实体经济测度与提升路径的思路和方法[①]；陈文奇和方亚琪（2019）从产业关系的角度出发，基于实体经济的层次结构，提出了一种实体经济测度模型，对实体经济的发展水平进行研究和评估，为实体经济的提升和升级提供支持和参考。[②]综合而言，实体经济测度方法的研究涉及多个领域和角度，需要根据实际需求和目标选择不同的指标和测度方法，并整合综合运用不同的测量手段，以全面、深入、准确地测度实体经济的发展水平与质量。

实体经济是指直接面向生产和生活的实物经济，是现实经济的主体。实际经济贡献是经济学中常用的一个概念，指的是实体经济在国民经济中的比重。文献中常常采用实际经济贡献占比来测度实体经济的规模和贡献，参考胡西娟（2020）的研究，实体经济指标采用除金融、房地产以外的所有产业增加值占地区生产总值的比重表示。[③]该指标不仅反映了实体经济在整个经济体系中的份额，还能够综合考虑各个产业对地区经济的贡献，可以通过比较不同地区、不同时间段的实体经济指标，得出地区经济结构的变化趋势，帮助分析实体经济发展的动态情况。

[①] 高洋、王志辉、周虎臣：《实体经济测度与提升路径研究》，《产业经济研究》2018 年第 5 期，第 34—43 页。

[②] 陈文奇、方亚琪：《基于产业链的实体经济测度研究》，《经济问题》2019 年第 12 期，第 71—80 页。

[③] 胡西娟、师博、杨建飞：《数字经济优化现代产业体系的机理研究》，《贵州社会科学》2020 年第 11 期，第 141—147 页。

三、区域划分

由于中国各省份经济发展、能源禀赋、地理位置、产业结构等方面均存在差异性，从而导致数字经济和实体经济融合水平存在区域差异。当前针对数字经济和实体经济融合水平的区域研究，运用较多的区域划分是"三大地带""四大经济区域"，但这两种划分区块较大，个别省域界限不能保持完整，且忽略了区域经济社会发展所呈现的不同层级间的差异性和类聚性。因此，为深入探索数字经济和实体经济融合水平的区域差异，按照国务院发展中心的标准划分办法，依据《地区协调发展的战略和政策》将中国划分为八大综合经济区。该划分方法区域覆盖全面，既考虑了历史延续性，对黄河、长江中游地区的单独划分符合历史认知，又保持了省域行政区的完整性，便于搜集整理资料和数据。且由于划分更细致，在经济上地域发展优势明显，利于揭示数字经济和实体经济融合水平的区域差异，探索数字经济和实体经济发展现状，有效分析数字经济和实体经济在不同层级融合的差异性和类聚性，以促进经济持续、健康、协调发展。

考虑到指标的稳定性、科学性和可操作性，结合现有统计数据，首先对收集的数据进行筛选，其次对数据缺失较少的省份进行移动均值插值，因香港和澳门特别行政区、台湾地区及西藏自治区数据缺失较大，未列入样本集，最终以2011—2021年中国30个省份的面板数据作为研究对象（表5-3）。

表 5-3　区域划分

经济区	范　　围	经济区	范　　围
黄河中游	山西、内蒙古、河南、陕西	长江中游	安徽、江西、湖北、湖南
西南地区	广西、重庆、贵州、四川、云南	西北地区	甘肃、青海、宁夏、新疆
东北地区	辽宁、吉林、黑龙江	北部沿海	北京、天津、河北、山东
东部沿海	上海、江苏、浙江	南部沿海	福建、广东、海南

第二节　数实融合的基本特征

通过构建数字经济与实体经济的耦合协调度评价模型和指标体系，对数字经济与实体经济的融合水平进行测度，从全国和区域两个视角分析其空间差异特征，为后续发展路径和模式探索提供支撑。

一、数实融合的总体特征

中国各地区数字经济和实体经济融合水平如表 5-4 所示。从全国来看，2011—2021 年中国数字经济和实体经济融合水平呈现逐步上升趋势，由 2011 年的 0.3528 上升至 2021 年的 0.4490。这主要得益于 2011—2021 年期间，政府以重大技术突破和重大发展需求的产业为基石，印发《促进人工智能和实体经济深度融合的指导意见》，出台《促进新一代人工智能产业发展三年行动计划（2018—2020 年）》《"十四五"数字经济发展规划》等措施，优化完善顶层设计，强调把握信息技术升级换代和产业融合发展机遇，通过推进信息技术创新，带动信息技术、高端装备制造等产业发展，增强国际竞争能力。

各地区积极发展先进生产技术来推动数字经济和实体经济深度融合，促使融合水平不断提高。但总体来看，中国数字经济和实体经济融合度均值多数低于 0.5000，融合等级尚处在失调阶段，距离达到优质融合发展仍有较大提升空间。在区域间存在日益扩大的差异性，具体体现为以高、低融合地区为外围的半包围空间分异格局。因此，仍需加大政策扶持力度，加强技术创新，助力数字经济和实体经济深度融合。

表 5-4 数字经济和实体经济深度融合发展水平

地区	省份	2011 年	2013 年	2015 年	2017 年	2019 年	2021 年	均值
东北地区	黑龙江	0.2731	0.3043	0.2960	0.2923	0.2710	0.2614	0.2812
	辽宁	0.4364	0.4447	0.4488	0.4159	0.4181	0.4113	0.4280
	吉林	0.2450	0.2523	0.2630	0.2739	0.2559	0.2595	0.2596
	均值	0.3182	0.3337	0.3360	0.3273	0.3150	0.3107	0.3229
北部沿海	天津	0.3226	0.3262	0.3478	0.3509	0.3562	0.3708	0.3461
	北京	0.5809	0.6007	0.6375	0.6493	0.6743	0.7092	0.6397
	河北	0.3835	0.3860	0.3979	0.4219	0.4502	0.4715	0.4173
	山东	0.5919	0.6533	0.6590	0.6706	0.6857	0.7205	0.6598
	均值	0.4697	0.4916	0.5106	0.5232	0.5416	0.5680	0.5157
东部沿海	浙江	0.6369	0.6422	0.7073	0.7172	0.7482	0.7640	0.7032
	上海	0.5520	0.5503	0.5804	0.5950	0.6071	0.6378	0.5858
	江苏	0.7368	0.7594	0.7947	0.8037	0.8243	0.8395	0.7913
	均值	0.6419	0.6506	0.6941	0.7053	0.7265	0.7471	0.6935
南部沿海	海南	0.1613	0.1669	0.1751	0.1842	0.2171	0.2152	0.1852
	广东	0.8032	0.8292	0.8759	0.9111	0.9667	0.9783	0.8936
	福建	0.4592	0.4649	0.5180	0.5696	0.5777	0.5858	0.5268
	均值	0.4746	0.4870	0.5230	0.5550	0.5872	0.5931	0.5352
黄河中游	内蒙古	0.2849	0.2881	0.3029	0.3051	0.3077	0.3109	0.2977
	山西	0.2711	0.2899	0.2729	0.2907	0.3084	0.3418	0.2927
	河南	0.3759	0.3955	0.4576	0.4887	0.5369	0.5412	0.4654
	陕西	0.3400	0.3478	0.3771	0.3951	0.4311	0.4320	0.3866
	均值	0.3180	0.3303	0.3526	0.3699	0.3960	0.4065	0.3606

续表

地区	省份	2011 年	2013 年	2015 年	2017 年	2019 年	2021 年	均值
长江中游	湖北	0.4052	0.4209	0.4836	0.5070	0.5412	0.5400	0.4800
	江西	0.2228	0.2448	0.3094	0.3485	0.3794	0.3873	0.3149
	湖南	0.3731	0.3632	0.3995	0.4240	0.4542	0.4630	0.4128
	安徽	0.3533	0.3674	0.3994	0.4503	0.4842	0.5061	0.4277
	均值	0.3386	0.3491	0.3980	0.4324	0.4648	0.4741	0.4089
西南地区	贵州	0.1670	0.1796	0.2254	0.3044	0.3381	0.3439	0.2616
	云南	0.2460	0.2651	0.3003	0.3127	0.3255	0.3101	0.2940
	广西	0.2538	0.2530	0.2730	0.2881	0.3357	0.3447	0.2912
	重庆	0.2871	0.2962	0.3463	0.3589	0.3919	0.4008	0.3467
	四川	0.4338	0.4528	0.4910	0.5101	0.5671	0.5736	0.5045
	均值	0.2775	0.2893	0.3272	0.3548	0.3917	0.3946	0.3396
西北地区	宁夏	0.1132	0.1177	0.1389	0.1832	0.1788	0.1722	0.1512
	甘肃	0.0237	0.1223	0.1565	0.1568	0.1769	0.1753	0.1393
	新疆	0.2285	0.2509	0.2518	0.2185	0.2562	0.2668	0.2442
	青海	0.0228	0.1025	0.1189	0.1449	0.1490	0.1357	0.1187
	均值	0.0970	0.1484	0.1665	0.1759	0.1902	0.1875	0.1634
全国	均值	0.3528	0.3713	0.4002	0.4181	0.4405	0.4490	0.4049

二、数实融合的区域特征

从区域来看，各区域的数字经济和实体经济融合程度不一，但整体变化趋势呈现各地区数字经济与实体经济融合水平变化趋势与全国基本一致，呈现由沿海向内陆地区逐渐递减的发展趋势，融合等级以勉强融合和初步融合为主，且表现出由东向西的"高—低"两梯度空间分布格局，以及"东部融合转型、南部沿海和西部沿海勉强融合、西北地区融合提升空间大、其他地区失调脱离"的空间等级演变规律（见图5-1）。

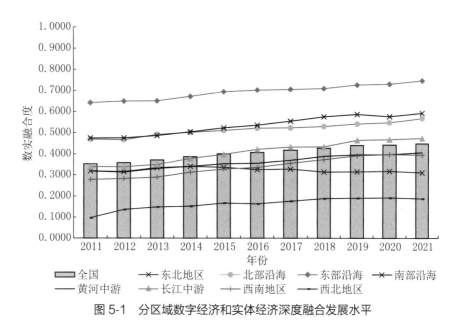

图 5-1　分区域数字经济和实体经济深度融合发展水平

（一）东部沿海地区的数实融合特征

2011—2021 年，东部沿海地区数字经济和实体经济融合水平由 0.6419 提升至 0.7471，由初步融合发展转向中级融合发展阶段，这一演变过程不仅体现了技术发展的成果，也彰显了区域内各领域协同合作的重要性，为未来更高层次的数实融合奠定了坚实基础，还标志着该地区在数据与现实世界相互交织的应用方面取得了重要的进展。究其形成原因可能是，一方面，东部沿海地区地理位置靠近全球贸易航线和国际物流中心，数字经济基础设施较为完备，自然优势明显，在工业、制造、贸易等领域拥有雄厚的产业基础，经济高度发达，人才资源相对丰富，加之政策扶持力度大，利于数字技术的研发与应用落地，进一步促使数字经济和实体经济融合发展水平较高；另一方面，随着时间的推移，东部沿海地区不断强化其技术基础，包括物联网、大数据分析、人工智能等领域的发展，为实现更高级别的数实融合创造了条件。

此外，该地区不仅在数据源的选择、数据清洗和验证方面进行了改进，还进一步加强了各领域之间的交流与合作，促进了知识和经验的共享。与此同时，智能决策支持系统的建立和创新应用的不断涌现，能够为决策者提供更准确的信息和建议，帮助其在解决复杂问题时能够更加全面地考虑各种因素，做出更明智的决策，从而加速推进数字经济和实体经济的深度融合。

（二）南部沿海和北部沿海的数实融合特征

南部沿海和北部沿海地区的数字经济和实体经济融合水平处于勉强融合发展阶段。一方面，南部沿海和北部沿海的一些地区相对落后，高速互联网、智能终端设备等基础设施在南部沿海和北部沿海地区尚未充分发展，导致数字经济的发展和实体经济的融合都会受到限制。另一方面，数字经济融合需要企业和组织具备一定的数字化能力，包括信息化管理、电子商务、数字营销等，但南部沿海和北部沿海地区的企业和组织在数字化方面尚未具备足够的能力，存在数据隐私、安全性等问题，可能影响数据的流通和利用，从而限制了数字经济和实体经济两者的融合进程。与此同时，南部沿海和北部沿海地区的人口结构、教育水平和科技投入存在不均衡，相关政策和监管环境不完善，管理和监管不到位，部分地区缺乏高素质创新型人才，缺乏创新意识和创新能力，成为制约数字化转型和实体经济融合的瓶颈。

综上所述，要提升数字经济和实体经济融合水平，这些地区需要加强数字基础设施建设、促进产业升级和转型、提升数字化能力、完善数据共享机制，并制定有利于数字经济与实体经济融合的政策和监管措施。

（三）西北地区的数实融合特征

西北地区数字经济和实体经济融合水平由 2011 年的 0.0970 增长为 2021 年的 0.1875，由极度矛盾发展类变为严重矛盾发展类，这表明在研究期间内，数字经济在西北地区的影响逐渐增强，数字技术的应用在实体经济中发挥了更大的作用。

然而，严重矛盾发展类的评价暗示着基础设施和技术落后、人才短缺、数字鸿沟等问题可能仍然存在，融合水平仍有较大提升空间。究其形成原因可能是，一方面，西北地区地处腹地，市场规模较小，数字经济基础设施不完备，数字技术应用受限，工业物联网、互联网发展仍需要加强；另一方面，西北地区缺乏高素质创新型人才，产业以能源、矿产、农业为主，产业结构较为单一，数字化产业、高新技术产业等新兴产业尚未得到大力发展，相对缺乏数字经济领域的发展，制约数字经济和实体经济深度融合。

西北地区的数字经济与实体经济融合水平确实存在较大的提升空间。因此，该地区亟须通过加强基础设施建设、产业升级、创新支持、人才培养等多方面的努力，逐步实现数字经济与实体经济的良性融合，为该地区的可持续发展提供新的动力。

（四）其他地区的数实融合特征

黄河中游、长江中游、东北地区和西南地区的数字经济和实体经济融合发展水平整体偏低，尚处于失调型发展阶段。其中，黄河中游与长江中游地区的数字经济和实体经济融合水平属于濒临失调发展类，东北地区和西南地区的数字经济和实体经济融合水平属于轻度失调发展类。

形成原因可能是黄河中游和长江中游地区仍然依赖传统的制造业和资源开发，未能充分进行产业结构的升级和调整。传统产业与数字经济之间的融合不足，导致实体经济与数字经济的发展失衡。此外，这些地区缺乏创新驱动的技术研发和应用，缺乏技术、数据分析和数字化管理等方面的人才，可能限制了数字技术在实体经济中的应用。与此相对应的，缺乏创新活力会影响数字经济的发展，进一步加剧失调现象。这些地区的网络覆盖率和宽带速率发展较为滞后，地方信息化、数字化程度偏低，传统产业占据主导地位，且缺乏产业互补性，这导致在转型阶段，数字经济和实体经济无法实现深度融合。东北地区和西南地区在一定程度上依赖重工业和资源开发等传统产业。产业结构升级的速度较慢，创新创业环境尚需提升，市场需求和科技创新不匹配，研发资金、技术引进资金不足，数字化能力培养有限等，阻碍数字经济和实体经济深度融合。

综合而言，黄河中游、长江中游、东北地区和西南地区的数字经济与实体经济融合失调可能由于技术基础、产业结构、创新、人才、政策、区域协同、数据等多方面的原因造成。这种失调将影响经济的整体发展，并需要通过加强技术创新、产业升级、人才培养、政策支持等措施来促进数字经济与实体经济的有机融合。

三、数实融合的省域特征

从不同省份来看，中国数字经济和实体经济融合水平参差不齐，存在较大差异。2011—2021 年，广东、江苏、浙江、山东、北京和上海等地区的数字经济和实体经济融合水平位于前列，这些地区多处于沿海地区，数字基础设施相对发达，经济发展较好，产业结构合理，数字化转型程度较高。甘肃、宁夏和青海等地区的数字经济和实体经济融合发展水平位于末尾，这些地区产业结构相对不合理，资源禀赋薄弱，缺乏数字经济技术人才、数字化基础设施和新型产业的支撑，在产业链构建方面尚有较大提升空间。

综合对比区位条件，可以发现同一地区不同省份之间的数字经济和实体经济融合水平不仅存在一定程度的个体差异，还存在明显的空间分布不均衡性。如 2021 年，位于西南地区的四川省数字经济和实体经济融合水平属于勉强融合发展类，而广西壮族自治区和贵州省数字经济和实体经济融合水平属于轻度失调发展类，究其形成原因是四川省电子信息产业基础雄厚，已形成芯片、服务、整机和材料等较为完整的产业体系，该省颁布并落实《四川省创新管理优化服务培育壮大经济发展新动能加速新旧动能持续工作方案》《四川省人民政府关于深化"互联网＋先进制造业"发展工业互联网的实施意见》等多项政策，助力数字经济和实体经济融合。而广西壮族自治区和贵州省数字经济和实体经济融合水平低的原因可能是这两个地区基础设施建设滞后，数字化转型成本较高，产业结构较为单一，缺乏产业互补性，同时相对欠缺强有力的政策支持。山西省数字经济和实体经济融合发展水平程度相对较低，究其原因可能是山西省数字经济和实体经济发展缓慢，长期以煤炭产业为主要经济支柱，数字基础建设与高端人才需求方面缺口较大，在产业转型方面仍有待提高。

第三节　数实融合的影响效应

数实融合对整个经济社会产生了巨大的影响效应，促进了生产方式的变革，催生了新的商业模式，提高了产业运营效率。当前，以数字化的知识和信息作为关键生产要素的数字经济引起了世界各国的广泛关注，成为全球经济复苏的新引擎，其关键在于以融合发展为契机，对实体经济产生支撑效应和引领作用。

一、创新赋能效应

随着数实经济的融合，逐步形成以工业互联网、平台经济、人工智能等创新型产业为核心的经济形态，成为推动实体经济发展变革、质量变革和效率变革的核心动力引擎，促进生产组织方式和商业模式变革。

（一）促进生产方式变革

数字经济催生了新的生产要素，使得不同产业和企业的生产基于相似的要素投入，为信息通信技术产业与传统产业的融合奠定了基础。随着数字经济时代的到来，数据成为关键的生产要素。一方面，数字化的信息和知识具有可共享性，呈现出边际成本递减的特征，越用越便宜；使用云计算等方式对大数据进行加工和处理后，数字资源的价值将会实现倍增，即数字资源越用越有价值。另一方面，数据资源作为先进生产力的代表，在生产中的效用要远远大于传统生产要素，直接决定了产出的效率。因此，数据作为新的生产要素出现之后，将会给原有产业的生产带来颠覆性的影响，以数据资源为基础的产业将出现新的经济增长点，实现产业绩效的提升。

通过数字助力实体产业，有利于促进大中小企业实现协同发展、共同获益，推动产业链上中下游平台及其合作伙伴间实现共生共赢，优化营商环境，改变经济格局。传统产业通过数字技术改进设计、研发、生产、制造、物流、销售、服务，创造新业态、新模式，实现产业结构调整和创新升级。① 数字经济和实体经济深度融合的价值主要体现在：一是通过赋智、提质、增值促进传统产业转型升级，直接推动资源产出效率提升，即"技术效应"；二是通过变革传统商业市场，为数字产业化提供市场空间，让资源实现新的更优配置，即"配置效应"。

数字技术创新为生产方式的变革提供了技术支撑，同时生产方式的变革又会反过来作用于数字经济的发展，为产业融合的发生创造条件。首先，工业经济时代的机械自动化生产将转向数字经济时代的智能化生产。信息通信技术的创新，使得信息不对称问题得到了很好的解决，同

---

① 古丽巴哈尔·托合提：《数字经济与实体经济的融合对经济运行的影响机制研究》，《全国流通经济》2020 年第 25 期。

时也加剧了市场的竞争，基于数字技术的智能化生产应运而生。其次，传统的标准化生产转向个性化定制生产。随着数字经济时代的到来，从需求角度来看，产品和市场不断被细分，用户需求的个性化和差异化特征愈发明显；从供给角度来看，数据平台为合理的分工和协作创造了条件，为个性化定制提供了可能性。再次，集中化生产向分布式生产转变。随着社会分工的进一步发展，生产的某些环节从原生产链中剥离出来，数字经济的虚拟性特征使得企业的生产和分工冲破了集中化生产在空间上的约束。当不同产业和企业均向智能化、个性化、分布式等生产方式转变时，经济社会的各领域将实现多元化生产，生产方式的升级将会给产业融合的发生创造契机。

（二）衍生新商业模式

以平台经济、共享经济为代表的新型商业模式，既是数字经济与传统产业发生融合的表现形式，同时又进一步助推了数字经济融合效应的发挥。数字技术广泛应用于经济和社会的各个领域，优化资源配置效率，对传统商业模式产生颠覆性影响，数字经济时代的商业模式呈现出平台化、共享化、生态化等特征。平台经济、共享经济等新型商业模式出现后，不同经济主体的经济活动将基于相同的平台，原本相互独立的产业和企业将在共同或者互通的平台上发展，产业和企业的竞争合作关系将会发生变化，产生了关联，这将促进产业融合的发生。

数字技术的使用所带来的产业分化和衍生，进而催生出新的产业形式，并且以数字技术和数字经济为"黏合剂"，促进不同产业之间发生融合。数字技术创新直接衍生出的新产业，例如 3D 打印、人工智能、5G 等数字技术的研发和产业化而直接形成的产业。产业数字化过程中新产业形式不断涌现，也就是信息通信技术产业与传统产业发生融合而形成的新产业和新业态。例如，"数字经济＋制造业"将助推制造业的智能化转型，优化制造业的生产流程，提升制造业领域的资源配置效率；"数字经济＋服务业"将推动服务业的高端转型，优化服务业产业结构、增加服务附加值。

二、效率提升效应

在数字经济时代，数实经济的融合能够带来新的发展动能，对催生新产业新业态新模式、提高生产效率、提升生活品质和创新社会治理的作用日益凸显。

（一）降低成本

数字经济通过快速的传播速度将经济活动中的各市场主体高度连通，使经济系统中的资源渗透、融合、协同能力得到极大提高，从而降低市场交易和资源配置成本。数字经济对传统产业数字化改造将带来成本的降低，具体包括降低生产成本、交易成本和时空成本。

数字经济的边际成本几乎接近零，这很大程度上降低了企业的总成本。大部分数据资源都具有非排他性和非竞争性的特点，不同生产主体能够以低廉的价格（甚至免费）使用数据资源，并且同一的数据资源可以被众多的生产主体同时使用。当数字经济实现对产业的融合之后，数字化的知识和信息成为关键性的生产要素，融合型产业中数据资源占投入要素的比重不断上升，产业生产对传统生产要素的依赖降低，从而降低了生产成本。

数字技术对传统产业的渗透融合，使得传统产业不断向数字化、平台化转型。数字经济为不同的经济主体搭建了沟通联系的平台，平台的出现将优化交易环境，减少商品流通的中间环节，有效解决信息不对称的问题，降低供求双方的搜寻成本，从而降低交易成本。

另外，数字经济与实体经济的融合也能够降低时间和空间成本。一方面，在数字经济时代下，很多商品以虚拟的形式存在，不存在对应的实物，这种虚拟的商品可以直接通过网络传输给消费者，不需要经过复杂的交通物流运输等环节。另一方面，供求双方可以在网络虚拟环境中进行购买和生产活动，冲破了时间和空间的限制，降低了时空成本。

（二）提升生产效率

数字技术衍生出数字化技术与产品物理组件的融合，新产品、新工艺或新商业模式的出现，以及伴随着更高层次社会—技术结构关系的变化，形成数字经济与实体经济技术深度融合的数字技术创新基本范式，催生生产效率的提升。

随着大数据、云计算、人工智能等新一轮信息技术迅猛发展，数字经济与社会生产生活的融合程度进一步加深。作为数字经济的关键要素，数据对劳动力、技术等生产要素具有放大、叠加、倍增作用，提升经济社会各领域资源配置效能。激活数据要素价值，不仅有利于提高社会全要素生产率，也有利于赋能实体经济，促进我国新旧动能加速转换。数字经济的新技术不断扩散应用到传统产业中，为适应新技术，促使传统产业进行创新，创造价值增值空间，推进传统产业转型升级。

进入数字经济时代，庞大、复杂的经济活动所产生的海量数据，蕴藏着巨大价值，数据早已和其他生产要素一起，融入经济价值的创造过程中，对生产力发展产生了广泛影响，成为驱动经济社会发展的关键生产要素和新引擎。数实融合推动数字技术在实体经济各方面、各环节的广泛应用，消除产业间、企业间、产业链和供应链上下游的数字鸿沟，使实体经济的生产、运营、管理实现革命性变革，提高实体经济的现代性。

随着数字技术的快速发展，已经渗透应用到产品生产销售的各个环节，打破了传统产业中组织内部的界限，产业生态更加灵活，促进产业业态优化，提升资源配置效率。数字技术可使生产要素迅速流动到匹配度最好和效率最高处，使资源利用率达到最大化，避免了资源浪费。数据要素在供给侧可以提升生产效率和配置效率，既可以通过优化生产流程、丰富应用场景等提高生产效率，又可以带来劳动、资本、技术等单一要素的倍增效应，提高了劳动、资本、技术、土地这些传统要素的资源配置效率。数实融合为数据要素的生产与消费提供了海量的应用场景，改变了传统的商业模式或资源配置方式，提升了企业和各行各业的生产效率。数字经济凭借数字平台收集了大量数据，为优化供应链体系使其与市场更加匹配提供支持，从而减少由于供需不平衡所产生的资源浪费。

三、经济增长效应

数字经济与实体经济的融合改变了要素结构，优化了经济运行方式，能够促进经济增长。数实融合的经济增长效应主要体现在乘数倍增效应和规模经济效应。

（一）乘数倍增效应

数字创新体系形成的基本逻辑是以数据驱动和工业互联网为底层技术支撑，实现工业技术与数字技术的结合，促进创新主体跨界协同创新，激发制造业的潜在高附加值，形成先进制造业与数字经济融合的叠加效应和乘数效应。[①] 核心关键技术攻关和传统产业数字化转型是实现数字经济与实体经济深度融合的重点任务，前者是技术研发问题，后者是技术应用问题。

作为生产要素的数据渗透到实体经济生产流通的全过程，产生实体经济所需要的信息和知识，对资源产生优化和重组。"数据＋算法＋算力"与实体经济生产活动深度融合，形成数字生产力。数据能够把不同生产要素进行连接从而产生倍增效果，有助于推动数字经济与实体经济深度融合；以数据为基础的信息网络构建了网络连接、平台型企业、数智化企业、智能化管理等数字生产关系。互联网、云计算、区块链等新技术的加速发展，使得数据对提高生产效率的乘数作用凸显。

作为一种新的经济形态的数字经济，数字生产力与数字生产关系结

[①] 欧阳日辉：《数实融合的理论机理、典型事实与政策建议》，《改革与战略》2022年第 5 期。

合形成信息经济、网络经济、平台经济、人工智能经济等新型生产活动和生产方式，实体经济在数字经济背景下产生新优势。因此，数字背景下的实体经济已经不是传统意义上的实体经济，而是生产效率提升、动能转换、生产模式变革后的新型实体经济。

（二）规模集聚效应

数字技术推动平台建设，打破市场边界，进而扩大市场范围。同时还推进分工方式进行转型升级，向网络化分工转变，催生出许多新产品种类，进一步扩大市场。壮大的市场会带动消费的增长，产生规模集聚效应。同时，数字经济下的营销手段得到大幅度升级，激发消费者的消费欲望，带动消费。数字经济开发出新的消费渠道，相比以往的传统方式更加方便快捷，更进一步刺激消费增长。

数字平台将大量用户汇聚到一起形成聚集效应，平台上的生产者、商家、消费者互动融合发展，不断扩大产业边界形成新产业，打造应用场景和企业创新生态。数据要素进入经济系统后将推动传统生产要素革命性聚变与裂变，从而提升整个经济的资源配置效率，促进数实融合产生"滚雪球效应"。数据在使用过程中不存在互斥性，并且同一组数据由更多市场主体使用的边际成本很低，在一定条件下边际成本甚至可能为零，在增加使用价值的同时不会给数据提供方带来实质损失，所以数据要素具有多重非竞争性。数据使用的频率越高，使用的范围越大，其创造的价值就越高。数字平台拥有的用户越多，市场规模越大，越能降低平均服务成本，平台对用户越具有吸引力，这种"滚雪球效应"推动平台依靠数据、流量和技术越做越强。

数字经济具有较明显的长尾效应，从而激发和释放长期潜在的增长空间。在移动互联信息极为通畅的背景下，企业的生存和发展越来越重视客户的异质性需求，而数字平台契合了人们的碎片化需求。分散的小微企业和大众蕴含着巨大服务商机，能够产生长尾效应。传统商业模式遵循经典管理学理论中的"二八定律"，偏好专注服务于"白富美"群体和大中型企业客户，而数量巨大的"人群"和中小微企业的需求却得不到满足，而这一类群体的典型特征是数量庞大。数字平台可以整合中小客户的"碎片化"需求，形成聚沙成团的巨大力量。

第六章

数实融合的主要问题和挑战

　　数字经济竞争的关键既要看谁能够掌握人工智能、5G、区块链、量子信息等核心技术，又要看谁在推动新技术和实体经济的深度融合上做得更好，形成良性的数字经济产业生态。我国通过发展数字经济，正在重塑实体经济核心竞争力，打造新时代新发展的新动能。虽然数字经济与实体经济融合的快速发展促进了经济要素资源重组、传统产业结构重塑，产业链、供应链重构，但由于数字技术在各个地区、行业覆盖不均衡，尚未深度赋能产业链，某些关键核心技术可能受到制约，信息基础设施也有待完善，监管体系尚不健全，数字经济与实体经济的融合仍然面临很多问题和挑战。

第一节　数实融合存在的主要问题

　　当前，在数字经济和实体经济深度融合过程中，数字技术尚未全生命周期地融入实体经济，这可能会导致融合不全面、融合难实现、融合不便利、融合不情愿等问题。

一、融合缺乏全面性

　　数实深度融合是应用互联网新技术对传统产业进行全链条改造，全面提升传统产业的竞争力。而当前，数实融合缺乏全面性，主要体现在数字技术在各地区、各产业、各行业覆盖不均衡。

（一）空间分布不均衡

数字经济和实体经济深度融合是经济发展的趋势，数字技术的发展和应用深刻影响了实体经济，为实体经济发展提供了新的增长动力和发展机遇。但是数字经济和实体经济的融合不全面，存在明显的空间不均衡现象。

在数字经济和实体经济融合发展过程中，中国东部、西部和中部产业数字化的区域增长率分别为 79.89%、68.88% 和 84.64%，产业数字化非均衡发展情况依然存在。不同省份的数字经济与实体经济融合存在非均衡发展现象。广东、上海和北京等东部沿海城市数字经济和实体经济融合发展水平趋于领先，这与政企合作、信息技术产业基础、经济基础和政府政策的长期有效推进息息相关。珠三角城市群、京津冀地区和长三角城市群已形成良性的产业数字化循环体系，产业数字化程度较高。中、西部地区因数字设施普及性和数字技术通用性的提高也逐步加快了数字经济和实体经济融合发展进程。

同时，城市和农村的数字经济与实体经济的融合程度也存在很大差异，数字鸿沟在一定程度上影响了中国农村数字经济和实体经济融合发展进程。截至 2021 年底，中国互联网普及率达 73%，其中农村和城镇地区的互联网普及率分别为 57.6%、81.3%，二者相差 23.7%。以农村电商为例，东部地区在发展规模、发展速度上均大幅领先中西部地区。

进一步表明农村数字基础设施建设相对薄弱、城乡之间的数字鸿沟，制约农村数字经济和实体经济融合，致使非均衡状态的出现，导致农民获得数字红利的难度提升。

（二）产业发展不均衡

数字经济与实体经济融合发展过程中，在各个产业的发展上尚处于不均衡状态。2022 年，全球第一、二、三产业数字化渗透率平均水平已分别增长到 8.0%、24.1% 和 43.9%，发达国家的第一、二、三产业数字化渗透率分别为 14.0%、31.2%、51.6%。中国除第一产业数字化渗透率比全球低 0.9% 外，第二、三产业数字化渗透率分别比全球高 3.1%、2.2%，与发达国家相比，各产业数字化渗透率差距依旧较大，表明中国的数字经济与实体经济深度融合仍存在发展不充分和不均衡问题。

数字经济和实体经济融合的产业不均衡主要体现在：（1）不同产业数字化程度不同。一些传统实体企业仍然保持着传统的生产模式和管理模式，数字化技术应用较为有限，而以大数据、云计算、人工智能、区块链为主的新兴产业则更加注重数字化发展，数字化程度较高。（2）数字技术应用能力不同。由于不同产业创新能力和技术积累的差异，现实中数字经济和实体经济的应用能力也存在显著差异。一些企业和产业领域熟练掌握数字技术的应用，但另一些则尚未使用或未广泛应用数字技术。（3）数字技术产生的外溢效应不同。不同产业对数字化技术的应用方式存在差异，数字技术产生的外溢效应不同，从而对生产结构的调整与升级也存在差异，影响数字经济和实体经济融合的均衡性。（4）数字经济衍生产业发展不均衡。数字衍生产业的发展存在不均衡现象，衍生产业间的各自能级、创新能力和市场竞争力存在较大差异。

二、融合缺乏深度

数字经济和实体经济互为资源，相互依存且不可分割。从本质来看，实体经济能为数字经济提供应用市场和大数据来源，数字经济可为实体经济提供新的科学技术知识支撑。以互联网、大数据、人工智能等新一代信息技术对传统产业进行赋能，从生产要素到创新体系，从业态结构到组织形态，从发展理念到商业模式实施全方位变革和突破，提升"产品＋服务"价值链水平，深化实体经济质量与效率变革。但当前，数字技术尚未形成对实体经济全生命周期的深度赋能。

（一）数字技术渗透力弱

制造业是强国之基，是数字经济与实体经济深度融合的核心所在，制造业数字化渗透率体现了制造业数字化程度的高低。截至 2021 年，中国制造业数字化渗透率为 47.2%，数字化工厂覆盖比率为 25.7%，明显低于发达国家平均水平。尽管一些制造企业在数字化方面已经做得比较成熟，但整体水平仍有待提高。当前数字经济发展迅速，但多数企业核心环节的数字化普及率偏低，数字技术推进作用并不显著。整体上看，现有企业的数字技术利用率普遍低于 50%，中小企业在生产方面数字技术利用率更低，不足大型企业的 50%。这意味着企业对数字技术的应用停留在初级层面，数字技术未能深度渗透到产品制造的主要环节。

其主要问题可能在于：（1）产品设计和研发环节的数字化水平较低。数字化、网络化的产品设计和研发平台的普及程度尚不足，很多企业在设计和研发产品时还是使用传统的方式，缺乏先进数字化技术的支持。（2）产品销售和营销管理水平较低。数字化市场渠道还未普及到产业链的所有环节，传统实体渠道依然占据绝对优势，同时数字化营销覆盖率相对较低，数字化营销工具也存在局限性。（3）供应链数字化应用范围有限。供应链是一个涉及多个环节和多个企业的产业链，但现阶段各企业的供应链数字化程度较低，缺少数字化技术的全面支持；同时，数字化供应链技术的普及程度还较低，对供应链的深度赋能还存在欠缺。（4）产品生命周期管理体系不完备。目前，产品生命周期管理体系尚未得到全面体现和应用，企业对产品的生命周期管理还存在部分盲目和浅化。因此，在产品生命周期的各个环节中，数字化技术的应用程度还较低。（5）产业云平台发展不足。企业数字化转型在很大程度上依赖于云平台，产业云平台仍存在数据和计算能力不足等问题，对产品全生命周期和产业链的深度赋能仍有难度。

（二）产业链升级处于探索阶段

在数字经济和实体经济融合发展过程中，产业链数字化改造升级仍然处于探索阶段，多数工业互联网平台功能仅能满足自身需求，尚未形成全产业链生态体系，无法发挥工业互联网效益倍增作用。

制约数字经济促进产业链提升的原因主要是：（1）生产环节数字化程度不足。在最核心的生产环节，很多企业仍然采用传统的人工操作方式，数字化、自动化程度较低，生产过程中存在工艺流程不规范、信息不流畅、数据互通不便等问题。（2）数字经济和实体经济协同体系尚未形成。缺乏具有覆盖全产业链的信息系统和数字化协同体系，企业间的合作及信任度不高，影响数字化转型的深度和广度。（3）数据标准化平台缺失。产业链数字化需要重视数据规范的建立和统一，以实现信息的高效共享和业务的高效协同。然而，目前企业间缺乏数据规范和标准，数据相互隔离等问题严重，相关数据平台也较少。（4）缺乏数字化转型的统一标准。由于行业特性、企业规模和经营模式不同，各类企业数字化转型的重点和方式存在较大差异，使得数字经济和实体经济深度融合发展进程较为缓慢。（5）数字安全问题阻碍数字经济和实体经济深度融合。目前，企业信息化程度不高，数据管理混乱，数字安全意识不高，特别是对于涉及重要商业机密的产业链，数字安全风险极大。

整体而言，数字技术尚未形成对产品全生命周期和产业链的深度赋能，这种趋势可能会对产业进一步发展产生不利影响，进而抑制数字经济和实体经济深度融合。

三、融合难度较大

数字经济是以使用数字化的知识和信息作为核心生产要素，以现代信息网络和信息通信技术的使用作为效率提升和经济结构优化重要推动力的一系列经济活动。而实体经济是指一个国家生产的商品价值总量，包括物质的、精神的产品和服务的生产、流通等经济活动。但中国产业发展的各个环节仍然处于全球价值链和供应链的中低端，数字化专业人才、创新型人才、应用型人才缺口较大，人才培育体系薄弱，政策引进力度不足，关键核心技术和重要部件不能自主研发，受制于其他国家的企业，基础设施不够完善，客观上对数字经济与实体经济融合发展产生较大制约。

（一）专业人才稀缺

习近平总书记指出："我国人才发展体制机制还不完善，激发人才创新创造活力的激励机制还不健全，顶尖人才和团队比较缺乏。"① 以云计算、物联网、人工智能、大数据等为代表的新一代信息技术高速发展，数字经济和实体经济融合成为中国经济发展的战略抉择和必由之路。在互联网、大数据、人工智能等新兴领域，关键人才不足，特别是缺乏深入了解传统产业运作流程与关键环节，能够在细分垂直领域深度应用数字技术进行创新的跨界人才。

1. 专业人才缺口大

在全球数字化市场快速扩张的趋势下，中国数字经济与实体经济融合发展的高层次人才出现严重缺口。2022年，通信和互联网领域相关专业毕业生人数159万，占毕业生总人数的15%，在全部19个分行业中位列第一。在此背景下，专业化人才日益成为国家创新驱动发展、企业转型升级的核心竞争力，具有数字素养的创新型人才是推进数字经济与实体经济融合发展的关键驱动力。

---

① 习近平：《努力成为世界主要科学中心和创新高地》，《求是》2021年第6期，第4—11页。

但是，在数字经济领域，专业人才缺口较大。在农业、工业、金融、教育、医疗、交通、能源等重点领域人才需求缺口依然在持续放大，中国专业技术人才供给滞后于数字经济和实体经济深度融合发展需求，无论是数量还是质量均远不能满足现实需要。在人工智能领域，中国较为缺乏高层次人才，高层次人才占比仅为 9.60%（图 6-1）。

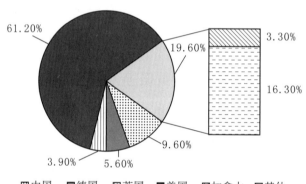

资料来源：清华大学中国科技政策研究中心，2020：《人工智能发展报告（2020）》。

图 6-1 全球人工智能领域高层次人才分布

当前，数字经济领域的人才供需结构矛盾依然突出，特别是高层次人才非常紧缺。以工业制造为例，工业制造中多工况的动态场景导致数字化工业模型开发难度大，需要诸多复合型人才深入剖析工业场景，解决构建工业人工智能模型的难点。因此，伴随数字化的推进，需要引入更广泛的复合型和创新型人才。

2. 专业人才培养体系薄弱

数字经济与实体经济融合发展过程离不开高端人才，只有为数字经济和实体经济融合发展的相关产业注入高水平劳动力，才能为其提供源源不断的创新动力，因此，如何保障劳动力市场中高水平人力资本的供应是融合发展亟须解决的问题之一。高水平人工智能人才的培养需要科、产、教等各界社会力量的多维协同合作，高校和研究机构的理论基础雄厚，企业拥有较多的实战数据和实践经验，在培养高水平的人才方面，需要双向合作，加强理论基础和实践应用。数字经济与实体经济融合发展所需的人才离不开高校培养，但是当前高校在专业技能人才培养方面仍然存在一些短板。

从整体上看，学科专业设置与现有的数字化发展趋势不够匹配，同时高校人才培养的周期较长，人才培养结构往往四年才能进行调整，导致高校数字经济和实体经济相关人才培养效率滞后于经济发展需要。高校教师结构和知识结构具有惯性，部分高校教师存在数据意识淡薄，对大数据重视不够，使用范围受限，导致效果不佳的情况，在培养复合型人才培养意识方面不足，对学科专业调整往往存在畏难甚至抵触情绪。与发达国家相比，中国复合型人才培养依然存在顶层设计不完善，专业研究缺乏特色，学科设置不合理，教学内容无侧重等问题，导致数字经济和实体经济融合的教育理念无法深入，造成实践型、创新型人才匮乏的现象。

同时，高层次人才跨界融合培养的模式还没有很好地建立起来。数字经济和实体经济融合所需的人才培养涉及多种交叉学科，需要构建多学科交叉培养体系。但是相关专业的知识群体较为分散，教育教学活动大多散落在其他一级学科中，统计学、计算机、经济学等专业成为"替代"人才，这些极大影响了以数字经济和实体经济融合发展为核心的专门人才的培养。

3.人才激励政策仍需强化

现有人才激励政策尚需完善。地区人才激励政策不一，部分地区缺乏产业技术支撑，在人才技术优惠政策实施力度方面投入较少，导致人才流失，初创型企业人才匮乏。由政府主导建立产学研用协同创新平台较少，人力资本的应用模式有待增强。

在数字经济和实体经济融合发展过程中，大城市和小城市发展政策存在差异，实施力度也存在较大不同。以深圳为例，该市提出要建立急需紧缺人才目录并动态更新，精准引进高端人才，构建人才评价机制，在关键核心技术领域引入先进人才团队。同时加强与国外科研机构的高效合作，积极引进人工智能高水平创新团队等。通过人才优惠政策，提升扶持水平和能力。但其他产业薄弱的城市，在政策制定上侧重产业，对于数字经济和实体经济融合发展人才引进方面，激励力度仍有较大提升空间。

（二）技术能力弱

习近平总书记强调："关键核心技术是国之重器。"[①] 党的二十大报告提出："坚持面向世界科技前沿、面向经济主战场、面向国家重大需求、面向人民生命健康，加快实现高水平科技自立自强。"近年来，与其他国家相比，中国的科技事业发展取得较大成就，但关键核心技术创新能力仍

---

① 人民网：《向着建设世界科技强国宏伟目标奋勇前进》，http://politics.people.com. cn/n1/2022/0501/c1001-32413033.html。

需要不断强化完善。工业和信息化部通过调查研究中发现，中国在工业软件、高端芯片、基础算法、存储器等关键核心技术仍然处于弱势地位。

中国关键核心技术创新力不足主要表现在缺乏综合协同、缺乏长周期战略布局、缺乏产学研合作、缺乏生态组织管理等。在现有的技术层面和制度层面，基础研究能力、人员与经费投入、科研机构体制、知识产权保护、创新意识等都可能影响关键核心技术的产生。从科技发展过程中，中国不但要解决技术瓶颈，还要解决创新体系结构失衡。面对复杂的国际环境，高端芯片、数字技术、工业软件等关键核心技术攻关缺乏科学统筹，无法系统布局战略谋划。决策权往往分散在多个部门，在执行重大决策时，可能缺乏跨部门协调机制和高效的资源配置机制。从世界发达国家来看，美、法、日等国投入基础研究的研究开发经费占国内生产总值的比重一直高达 12%—30%。2022 年我国全社会研发经费投入总量迈上 3 万亿元新台阶，研发投入强度（研发支出 / 国内生产总值）达到 2.55%，但整体与发达国家存在较大差距。

目前，中国物联网、人工智能、工业互联网等仍然处于产业链、供应链中低端，"卡脖子"问题较为突出，核心技术研发能力较弱，技术创新仍然受到制约。数字经济与实体经济融合发展过程中，关键领域创新能力不足，核心元器件、操作系统研发制造落后于国际先进水平，仍制约着数字经济的发展。一旦中间产品出现问题，将导致供应链受到影响，发生断裂。以智能交通产品为例，目前市场中的智能交通产品（如航空导航接收机、专业测量接收机和芯片等）多为国外品牌，关键核心技术与管理设备主要依赖进口。关键核心技术的缺乏不仅使产业发展耗费昂贵的技术使用成本，同时产业发展的命脉也会被其他企业制约，不利于国际竞争。在运用新一代数字技术为实体经济发展赋能时，由于缺乏关键核心技术和重要部件，导致中国数字经济与实体经济融合的叠加效应与乘数效应大大折损。

四、融合便利程度较低

当前，面对数字经济和实体经济融合发展趋势加速，数实融合的便利程度仍然较低，在法律规范和标准体系等方面都存在明显不足，制约着数实融合的推进。

（一）法律规范滞后

数字化转型改变了传统商业发展和产业链布局，逐步形成复杂数字生态系统，现行法律规范和监管体系的滞后性日益凸显。

随着数字技术的快速发展，数字化经济领域不断涌现新的业态和模式，许多旧的法律法规往往无法满足数字经济发展带来的新要求，存在一定的法律法规滞后问题。第一，数字经济和实体经济融合发展需要大量的知识产权保护。但现有知识产权法律法规中的保护措施和法律适用要求已经无法适应数字化经济的快速发展，如知识产权侵权方式繁多，复制、转载、抄袭、侵权等违法行为涌现，导致维权成本过高。现有知识产权法律法规更新调整速度较慢，导致数字经济下的信息难以监管，公平竞争的保护面临挑战。第二，数字经济和实体经济融合发展的网络安全保护能力亟须改善。例如，存在算法、大数据分析技术的发展导致的数据滥用问题，企业的黑箱算法、数据共享不透明等问题，而现有网络安全法律法规还无法有效地应对数据滥用和隐私侵犯方面的挑战。网络安全领域的法律法规体系尚不健全，数据泄露事件频发，严重制约数字经济的安全运行。第三，政府部门针对数字经济的规制缺乏经验。特别地，以平台经济为核心代表的数字经济发展迅速，但相关政策和法律法规体系难以实时有效调整，大量问题相继涌现。此外，执法体系相对滞后，长期来看将影响数字经济的健康发展。

同时，数实融合的监管体系还不完善，难以保障数实融合的有序发展。一方面法律法规体系相对不健全，政府监管水平和监管能力亟待加强。在数字经济和实体经济融合发展过程中，平台企业垄断问题严重弱化了数字经济和实体经济融合发展的市场活力，数据侵权、个人信息泄露问题严峻，数据安全保障体系有待加强。数据产权界定体系尚不明细，知识产权尚不完备，不能切实保障企业推动实体经济和数字经济融合发展权益。另一方面，数字经济和实体经济融合发展政策协同水平有待深入加强。各级政府出台政策的目标、落实重点、落实措施存在差异，上级政府和其他机构的统筹协调度不足，协同对接情况较弱，监管模式有待改进和完善。面对隐私保护、数据共享、数据产权归属、非法交易、数据安全等现实挑战，仍缺少完善的政策、法律法规的有效保障，网络安全和国际化发展方面还有较大改进空间。

（二）融合标准体系不健全

在数字经济和实体经济开放合作中，涉及的技术、产业和领域多种多样，各方面标准体系相对较为分散，标准之间还存在重叠和冲突，导致标准体系难以形成协调规范。尽管数字经济和实体经济融合发展迅速，但各个平台均是一个独立的局域网，导致部件、物料、设备等虽在形式上实现上云，产业链上下游企业分散在不同的平台上，仍难以实现数据联通和业务有效互动。

目前，标准体系在规范制定、数据表述、标准更新等方面缺乏创新和完善的机制。一方面，数字经济和实体经济在不同地区的发展水平存在差异，标准制定机构和相关法规制定机构相互独立，协调不足，导致标准和法规之间存在一定的冲突。另一方面，科技原始创新快于标准制定，标准体系落后于技术变化，标准与法规制定方面的分歧和冲突，也成为数字经济和实体经济合作标准化的痛点。同时数字经济和实体经济融合发展需要认证和监管机构提供支持，但相关认证和监管机构尚未成熟，缺乏统一的认证标准和严格的监管措施，导致市场中存在着大量假冒伪劣的产品，阻碍着数字经济和实体经济的有效融合。

五、融合意愿不强

在数字经济与实体经济融合发展上有很多现实痛点，如技术水平低、人才储备不足、融合成本高等，造成一些企业数字经济与实体经济融合发展的意愿不强。

（一）融合成本高

数字经济与实体经济的深度融合是推动中国经济高质量发展的新动能，但很多企业特别是中小企业面临较高的融合成本，导致推动数实融合的意愿不强。中小企业自有资本较少、市场份额较低、现金流量较少、产品科技含量较低，主要依赖低成本低价格来赢得市场，这种经营模式限制中小企业向特色化、精细化方向发展。

高成本往往对中小企业数字经济与实体经济融合发展产生不利影响。多数中小企业处于生产链末端，体量小，在数字经济和实体经济深度融合发展过程中，极有可能遇到资金难流转、周期长、设备成本高、人力资本少、研发风险高等问题，一些中小企业仅能维持正常运转，无法承担数实融合发展所需的技术创新。

数字经济和实体经济融合发展是循序渐进的过程，这就意味着企业需要持续的资金投入，不断创新才有可能实现突破。数字经济和实体经济融合发展的周期较长，更新迭代速度较快，涉及多方面变革，将增加融合的成本。一方面，中小企业需要投入大量的硬件设备与软件技术进行支持；另一方面，需要源源不断的复合型人才引领，这增加了人力资本成本。中小企业往往更注重投资短期见效快和盈利多的项目，数字经济与实体经济融合过程漫长，投资大，研发风险高，科研实力水平要求高，收益不可预测，通过增加数字技术研发投入和专业技术人才资金投入来推进融合，对于有生存危机的中小企业而言，无疑心有余而力不足。在资金供应不足或有限的前提下，中小企业更倾向于将现有资金用于扩大再生产，这严重制约数字经济和实体经济深度融合。

（二）企业技术水平低

企业现有技术水平较低，可能会制约企业数字经济和实体经济融合发展。很多企业数据采集的基础设施较为薄弱，整体上的技术和应用水平缺乏，管理层数字化思维尚未转变，技术应用水平较低，导致多数开展数字化转型的企业处于初级阶段。

数字经济与实体经济融合发展不仅是技术融合，还是业务融合，其依赖于经营模式和商业模式的调整和完善。多数企业融合发展的基础能力薄弱，处于初级信息化阶段，缺乏有效的信息采集基础，尚未建立全链条、全生命周期、全过程的数据环节。同时，缺乏整体的融合发展规划，存在数据库不兼容的状态，未能将数字技术贯穿于业务系统，数据分析环节相对薄弱，不能实现数据共享和信息集成，企业无法自主实现数字化设计、仿真、测试、验证等。企业在数字经济和实体经济融合发展方面处于摸索阶段，存在严重的技术滞后和人才匮乏，导致企业难以进行技术创新和将数字经济赋能产业链，不利于数字经济和实体经济深度融合发展。

此外，部分企业内部开发能力不足，购买或邀请第三方平台进行业务运营，虽然在一定程度上节省了成本，但对于平台环节相关数据难以掌控，企业仍需进行平台差异化的模块二次开发，才能满足个性化需求。整体上，时间成本、管理维护成本以及服务门槛较高，不利于数字经济与实体经济的深度融合。以制造业企业为例，多数制造业处于初级加工阶段，尚未构建起覆盖全生命周期、全产业链、全流程的工业数据链，难以支撑数字化复用和迭代，难以开展数据分析。

第二节　数实融合面临的主要挑战

我国数字经济蓬勃发展，数字产业化和产业数字化进程加速推进，数字技术催生的新技术、新业态、新模式广泛渗透到经济社会各领域，对我国经济社会发展的引领支撑作用日益凸显。同时，我国数实融合也面临很多现实问题，在制度层、应用层和技术层仍然存在很多调整，亟须突破。

一、制度层面

数字规则是数据竞争的重要利器，是数字经济时代掌握话语权的重要制度基础，但是我国数字规则存在与数字经济发展地位和速度不匹配、不适应问题。

一是发达国家把持数字规则严重冲击我国数据治理体系。美国依靠其数字技术和数字经济先发优势奠定数字监管全球治理体系，欧盟也依靠其统一大市场优势，较早建立了数据监管制度体系，因此，全球数字经济规则已形成欧盟模式和美国模式"二分天下"的局势。我国数字经济话语权较弱，欧美利用数字规则域外效力主导全球数字经济竞争方向，直接影响我国数据主权安全。

二是我国数字制度建设滞后于数字经济发展。我国数字经济制度建设与数字经济快速发展的现实不相匹配，成为数字经济发展的掣肘。当前关于数据权属确认、数据交易规则、数据流通体系、数据安全监管等制度体系、法律法规以及标准规范等还不健全，数字经济企业间不同的业务框架和系统导致数据联通、整合与共享不足，"数据孤岛"现象依然严重，制约着"数字红利"的释放。

二、应用层面

我国数字经济规模虽稳居全球第二，但整体上数实融合程度还比较低，发展还不平衡，企业数字化转型成本比较高。新一代信息技术企业与传统制造企业对融合的认知存在差异。大部分制造企业已实现从单一产品竞争向供应链竞争转变，但很少有企业能够意识到在制造全生命周期产生的大量数据资源具有提升生产效率、降低成本损耗等战略价值，依然存在着重硬件轻软件、重制造轻服务、重规模轻质量的观念，企业间及内部部门间也缺乏数据互通的有效机制，数据价值难以有效挖掘利用。

一是我国产业数实融合程度不平衡性较大。2022 年，三二一产数字经济渗透率分别为 44.7%、24.0% 和 10.5%，同比分别提升 1.6、1.2 和 0.4 个百分点，二产渗透率增幅与三产渗透率增幅差距进一步缩小，形成服务业和工业数字化共同驱动发展格局。大部分新一代信息技术企业虽然了解深度挖掘数据资源的重要性，但对制造企业的主要业务流程及工艺流程缺少掌握，难以准确、有效地满足制造企业的实际运营功能需求。

二是数实融合程度明显滞后于发达国家水平。《全球数字经济白皮书（2022 年）》显示，全球一二三产的数字化水平最高分别超过 30%、40%、60%，我国三次产业数字经济渗透率与发达国家差距较大，即使数字化程度最高的三产也低于发达国家平均水平 7—8 个百分点。

三是大量中小企业在数字化转型中踟蹰不前。中小微企业在面对跨越数字鸿沟时存在着不想转、不会转、不敢转等问题。根据中国电子技术标准化研究院的报告，2021 年我国在数字化转型中处于初步探索阶段、行业践行阶段和深度应用阶段的企业占比分别为 79%、12% 和 9%，表明绝大部分中小企业仍处于数字化转型的初级阶段。

三、技术层面

是否掌握数字经济主导技术路线和关键技术直接关系国家数字经济竞争力，但是我国数字经济在关键核心技术与技术路线选择上存在被压制风险。

一是核心技术仍然掌握不足。在运用新一代信息技术赋能实体经济领域，缺少长期的实践检验和经验沉淀，在赋能后如何获取价值创造方面仍在摸索前进。在核心元器件（传感器、芯片、控制器等）、工业软件（设计开发工具、仿真测试工具、制造执行系统等）和网络应用（工业互联网、工业云、工业大数据等）方面，核心技术实力和自主创新水平亟待提升，标准、检测和服务体系方面急需加快完善。

二是核心技术对外依存度较高。我国数字核心关键技术对外依存度较高，高端芯片、工业控制软件、核心元器件、基本算法等 300 多项与数字产业相关的关键技术仍然受制于人，数字技术的产业化应用、工程化推广、商业化运作缺乏体系化推进，对我国数字经济发展安全稳定性形成挑战。国内集成电路产业的生产制造技术落后国际领先水平约两代

（36个月），国产基础软件对核心技术掌握不够深入，产品功能、用户体验、稳定性和成熟度等与国外主流产品仍存在一定差距，基础软件、核心工业软件的外资垄断程度较高。

三是底层技术逻辑被替代风险大。我国数字经济的崛起主要是建立在以5G为代表的"软硬件一体化"数字经济技术路线选择上，庞大的数字经济基础设施建立了数字经济发展的重要根基。但是，发达国家凭借其在基础软件和芯片技术上的优势重构全球数字经济技术路线，极力倡导以"开源"取代"软硬件一体化"，通过接口标准、核心软件和底层芯片重新定义数字经济基础，对我国数字经济底层技术逻辑带来巨大冲击。

第七章

数实深度融合的推进路径

实体经济是一国经济的立身之本和命脉所在，数字经济是当今世界科技革命和产业变革的阵地前沿，推动数字经济和实体经济融合发展，已经成为新形势下主动把握新机遇、打造新引擎、实现经济高质量发展的大趋势。数字经济与实体经济深度融合是打造数字化生产力、推进全产业链数字化转型升级的必由之路，是构建现代化经济体系的必然选择。要素融合是数实融合的前提条件，通过深度改造生产函数不断创造融合新业态。技术融合是数实融合的重要内容，通过构筑数字化应用场景推动向纵深发展。物理融合是数实融合的关键载体，通过数字有机联接形成具有公共属性的基础设施。流程融合是数实融合的核心要义，通过生产系统数字化推动制造业转型升级。在推进数实融合的路径上，可以从宏观层面、中观层面和微观层面构建相应的对策。

第一节　宏观层面的推进路径

数字经济与实体经济生态系统的深度融合是由政府、企业和个人相互联系，工业互联网与消费互联网双向联通，产业大数据与消费大数据互通共享所带来的创新应用、服务融合、基础设施融合、跨界融通的生态系统。构建促进数字经济与实体经济深度融合的生态系统，基本目标在于提高数字经济与实体经济深度融合的基础能力，完善基础设置，构建治理体系，把产业链、创新链、价值链与企业、政府和个人通过互联网连接起来，形成数字技术设施生态、数字创新生态、数字产业生态和数字治理生态，为推动实体经济高质量发展奠定基础。

一、构建基础设施体系

要推动数字技术和实体经济深度融合和协同发展，需要不断夯实数字产业化基础，加速产业数字化步伐，全面建设新基建，提升整体经济运行效率与质量。新型基础设施是以新发展理念为引领，以技术创新为驱动，以信息网络为基础，面向高质量发展需要，提供数字转型、智能升级、融合创新等服务的基础设施体系，包括信息基础设施、融合基础设施和创新基础设施三大类。

（一）建立核心基础设施

数字基础设施是数字经济与实体经济深度融合的基石，包括以数据创新为驱动、通信网络为基础、数据算力设施为核心的数字基础设施体系。数字基础设施体系能发挥海量数据和丰富应用场景优势，促进数字技术与实体经济深度融合。加强信息、科技、物流等产业升级基础设施建设，布局建设云计算、人工智能平台、宽带基础网络等设施。从数字经济与实体经济深度融合的要求出发，当前数字基础设施建设的重点是工业互联网标识解析体系、区块链基础设施、新一代通信网络基础设施，形成集云计算中心、大数据中心、超算中心等于一体的数字基础设施平台，全面提升实体经济数据采集、存储、处理和分析的能力，拓展数字经济与实体经济深度融合的应用场景。

通过数字化进程与创新主体间互动，实现创新生态系统主体、结构、制度、功能等全方位的数字化转型，促进数字技术创新、扩散和应用。创新生态的形成首先要推动创新要素数字化，推动创新要素在数字创新生态系统内部流动，从而联通、聚合多元主体的创新活动。通过技术赋能和要素赋能在流动和形变过程中产生新的价值、新的市场交易、新的创新应用。

（二）建设元宇宙新基建

元宇宙是虚拟现实（VR）、增强现实（AR）、云计算、数字孪生、数字货币、人工智能（AI）、大数据、区块链等技术整合而成的技术和工程应用体系。这个体系由一系列技术基础设施构成：在硬件上，是由传感器、芯片、光学设备等组成的捕捉设备，以及显示屏、定位器、语言识别等反馈设备构建的知觉管理系统。在软件上，叠加由开发引擎、开发工具、数字孪生和区块链等技术为基础的虚拟现实、现实增强及其系统平台构建的虚拟场景系统，并通过现代高速通信系统构建出的新一代超广域互联网系统；在后端，以 5G 及相关超宽超高速通信系统、云计算、边缘计算、数据中心（IDC）和人工智能技术的发展为元宇宙提供海量算力、算法支持和复杂的交互实现对现实物理世界的复制与仿制。最终催生出元宇宙，形成具有自主智能的智能体，形成数字世界和现实世界相融相生的新世界形态。

元宇宙重新定义了人与空间的关系，AR、VR、云计算、5G和区块链等技术搭建了通往元宇宙的通道，创造了虚拟与现实融合的交互方式，并正在改变和颠覆我们的生活。元宇宙新基建不仅催生大量新业态，而且是数字科技赋能实体经济的基础，有利于推动数字经济和实体经济深度融合发展。

元宇宙的成功建构，需要底层的算力和通信基础设施、中间层的各项能力基座，以及上层的各类应用场景。在数字经济和实体经济融合发展的背景下，以云计算、人工智能、5G、物联网等技术为支撑，建设虚拟数字世界的基础设施和服务系统，旨在推动数字经济发展。虚拟现实设施是元宇宙建设和发展的重要基础，可以为使用者提供更加真实和立体的虚拟现实体验。建设带有身临其境般感受的虚拟设施，可以帮助消费者在等待购物时体验奢华、时髦的环境，感受到最先进的虚拟技术，有助于增加旅游、教育、文化、商业等方面的附加价值。

政府要承担新基建的运营职能，以保证新基建产品的公共性及使用的公平性，坚持市场为导向，企业和政府共同投资，保证新基建投资的连续性及足额性，利用新基建助推实体经济不断创新，不断拓展新消费、新业态及新服务的经营模式，拓宽数字经济与实体经济深度融合的应用场景。

二、完善治理机制

健全法律法规和相关标准，为数字经济与实体经济深度融合提供安全保障。为防范融合发展风险，在充分利用数据要素的过程中，需要强有力的法律法规予以保障。将数据再利用、再增值、共享使用的标准纳入法律法规的监管之中，完善数字经济与实体经济融合发展、数据隐私保护等法律法规体系，加大知识产权保护力度，防止出现数字经济领域平台型企业市场垄断情况，确保数字经济和实体经济有充分的发展空间，推进深度融合规范有序进行。

（一）健全司法保障机制

系统完善的法律规范体系不仅能提升相关领域执法效率，也能为数字经济与实体经济深度融合发展提供统一明确的规范和准则，起到规制和引领作用。构建完善的监管体系，将促进技术创新作为数字经济和实体经济融合监管的重要目标，形成契合社会创新发展需求和引领经济高质量发展的监管方案。为打通融合堵点，推动数字经济与实体经济融合，应提升综合治理效应，充分完善和规范数字经济和实体经济融合发展领域法律体系。要加强市场环境的监管，强化对不公平乱象的治理，创造公平合理的数字经济市场环境。

首先，应运用数字化手段探索智慧司法新模式，健全相应的司法保障机制，通过构建数据集成、功能集成、系统集成于一体的在线诉讼平台，实现高效、便捷、公正的司法服务，积极打造"区块链＋司法"新模式。借鉴先进治理手段，针对数字化平台可能存在的垄断问题，构建协调高效的治理体系，持续完善《反不正当竞争法》《反垄断法》等，突破数据滥用、算法操纵和行业垄断等风险。

其次，在数字经济与实体经济融合发展过程中，打造有序推进数字经济和实体经济融合运行保障体系。要系统梳理各级政府不同部门的数字经济和实体经济融合发展政策文件，形成政策合力，减少制度摩擦成本。加强数据产权立法，在对数据侵权、产权保护等问题充分调研的基础上，进一步发挥政策的有力支持效力。通过界定数据使用权、处置权、所有权、收益权等，构建高标准数字经济和实体经济融合发展的交易市场，加快出台相关的法律法规，助力数字价值转化，为政府监管与产业融合发展提供坚实的司法保障。

最后，构建与数字经济相适应的数字监管体系。加快数字监管领域的立法，明确数据产权归属，规范数据使用规则，加强数据安全保障，强化数据产权保护，探索解决数字鸿沟、算法歧视、恶性竞争等数字经济发展中存在的诸多问题。推动制定人工智能伦理指南，探索"数据治理委员会"模式，让更多利益相关者参与到数据治理中来。持续开展APP专项整治，构建适应数字经济发展规律的监管体系，对重点互联网平台企业实行监管全覆盖，依法依规推进包容审慎监管，打造更为安全的通信消费环境。

（二）加强国际标准合作

积极推进高水平国际交流合作，优化数字经济发展外部环境。当前，国际形势日趋复杂多变，集成电路、人工智能、超级计算机等数字技术及产业面临技术脱钩和产业链断裂风险，将严重损害数字经济发展所依托的物质技术基础，制约我国数字经济的长期健康发展。在此背景下，我国应充分发挥超大规模市场优势，依托国内大循环吸引全球资源要素，加强数字经济领域的国际交流合作，推进规则、规制、管理、标准等制度型开放。不断加强数字基础设施、数字技术和相关产业的合作交流，在《区域全面经济伙伴关系协定》（RCEP）、《全面与进步跨太平洋伙伴关系协定》（CPTPP）、《数字经济伙伴关系协定》（DEPA）等区域性协议的框架下推动数字技术、数据要素在更大范围的商业化应用。利用好世界贸易组织（WTO）、二十国集团（G20）、亚太经济合作组织（APEC）等国际性组织和平台，积极开展制度型国际合作。推动建立数据跨境流动机制，积极参与数字治理、数字贸易、数字税等重要议题的国际交流与协商谈判，为我国数字经济发展争取更多外部空间。

积极参与和推动数字经济全球治理，抓住数字经济国际规则制定的机会窗口，在全球数据治理、网络空间治理等重点领域，积极参与制定国际标准和规则，贡献我国数字经济治理经验和智慧，加快构建开放、兼容、安全、高效的全球数字经济治理体系。

为解决数字经济和实体经济开放合作的标准问题，可以采取以下措施：加强顶层设计，建立统一的数字经济和实体经济开放合作的标准化体系。加强与技术创新的深度协作，强调科技标准对标准体系的重大作用，并加快技术发展速度，带动数字经济和实体经济。通过立法和制定新的政策，解决数字经济领域的相关法律和法规滞后问题。通过加强协同管理，加强各方面的合作，共同推进数字经济发展并规范数字经济领域的正常运行。出台新的知识产权保护、数据隐私保护以及电子商务安全等方面的法律法规，主动对数字经济发展趋势进行分析和了解，及时发现并解决基于数字的商业模式所带来的风险和问题。

（三）完善和规范隐私保护

数字经济和实体经济融合发展的隐私保护是一个复杂的法律问题，政府和监管机构需要及时对其进行研究和探索，完善和规范隐私保护相关的法律法规，监管企业的行为，加强对隐私泄露行为的处罚措施。同时，应规范数据处理和使用行为，保障数据主体的隐私权利，提高公众对隐私保护的认知，鼓励社会各界加强自我保护，维护数字经济和实体经济的安全和稳定发展。

通过制定新的知识产权法律法规，加强对数字经济领域知识产权的法律保护。在知识产权保护方面，应注重技术保护，如加密、数字水印等方式，以应对技术领域的盗版和侵权行为。加强知识产权保护的普及度和行业监管力度，对于专利、商标、著作权信息等关键领域坚定不移维护公平竞争，确保知识产权不受侵害。政府和监管机构应制定明确的指导原则，加强对企业的监管，规范个人信息的采集和使用行为，加强对安全标准的监管和评估，确保个人信息保护水平得到提升。

此外，政府应该建立规范市场秩序的认证和监管机构，完善认证技术和监管手段，建立相应的责任追究机制，严格把关，杜绝假冒伪劣产品和信息的存在，从而推进数字经济和实体经济的融合更好实现，促进不同领域的协同发展，在智能终端、网站、APP等方面，加快推动信息无障碍建设，推动数字经济和实体经济发展的可持续性和稳定性。

三、优化数实融合营商环境

运用数字化、智慧化技术，创造适应数字经济发展、适合数字技术人才成长、保障数字信息安全、催动数字经济与实体经济深度融合的体制环境和政策环境，夯实数字经济和实体经济融合发展的制度基础。

一是打造国际一流的智慧政务服务。优化数字营商环境，用数字技术改造提升政务服务，积极推进"互联网＋政务服务""5G＋数字政府"建设，在实施"一网通办"上取得新突破。积极推进政府服务热线标准化建设，探索推动"政务新媒体联盟"平台建设。大幅提升政务服务水平，继续推进"一网、一窗、一门、一次"改革，打破数据壁垒，规范服务标准，提高窗口服务效率和水平。

二是全面推动商务服务领域数字化转型。在以数字技术提升政府服务的同时，还要加快推动商贸、物流、金融等服务业数字化转型，优化管理体系和服务模式，提高服务业的品质与效益。推动产业互联网融通应用，以供应链金融、服务型制造等为重点，培育融通发展模式，促进企业创新链、产业链、供应链、数据链、资金链、服务链和人才链全面融通，以数字技术促进产业融合发展。

三是完善数字经济服务体系。持续完善数字经济顶层制度设计，针对数据确权、数据定价、数据交易、数据安全等数字经济发展中出现的新情况和新问题，加快构建全方位、多层次、立体化的服务体系，提高数字化发展效能。构建符合数实融合发展新需求的数据治理模式，加强通用人工智能、数字身份、数据要素等关键技术标准研制，打通数实融合规则和标准接口。

四是构建数据要素市场交易制度体系。加快出台数据要素基础制度及配套政策，推进公共数据、企业数据、个人数据分类分级确权授权使用，构建数据产权、流通交易、收益分配和安全治理制度规则。加快构建数据要素市场规则，培育规范的数据交易平台和市场主体，建立数据资本资产定价机制，推动数据资源交易流通。建设国家数据统一共享开放平台，推动企业加强数据采集、标注、清洗、存储、传输、应用等全生命周期价值管理，更好地激活数据要素价值。

第二节　中观层面的推进路径

当前，新一代数字技术正在全面向经济社会各领域渗透，将数字技术应用于实体经济有利于通过数据赋能、创新驱动、技术变革加快实现生产工艺革新、生产效率提升、生产协同优化，并不断孵化出新业态、新产业、新动能，全方位提升经济发展质量和效益。在中观层面，围绕数字经济与实体经济融合的模式，探索相应的推进路径。

一、优化联动发展空间布局

优势互补和联动发展是一种协同的发展方式，可以充分发挥各地在自然资源、经济活动、城市规划和文化传承等方面的独特优势，打造出更加协同和具有竞争力的地域发展布局，进一步推进数字经济和实体经济深度融合发展。通过协同发展，可以使每个区域都能够最大化地发挥自己的优势，形成一种合理的空间布局，优化经济结构，促进地区间资源的共享、协调和可持续发展。由于各地区数字经济和实体经济融合发展水平和特色不同，可以互通有无，实现互利共赢的效果。在空间布局上，需要通过各种方式推动优势互补和联动发展，同时注重产业链的深度融合、数字化产业集群的构建、建设数字生态圈等措施，全力打造数字经济和实体经济融合的体系。

（一）产业链深度融合

在产业生态体系中，要以数字化赋能实体经济转型升级，提升数字生态的赋能和创新能力，增强产业链的韧性和弹性。借助数字技术创新商业模式和场景应用，以场景应用带动产业融合发展，提升数字生态的技术创新迭代能力。发展开放式平台合作，加强资源协调和整合，发挥数字产业生态在数字经济与实体经济深度融合中的作用。

数字经济和实体经济的优势互补，需要在产业链的不同环节中深度融合。如在制造业中，数字化设计技术、智能化生产技术、数据化管理技术等，都是数字经济与实体经济融合的体现。这些技术可以推动各类市场主体加速融合、各类资源要素快捷流动，延伸产业链条，畅通国内外经济循环，进一步形成具有韧性的供应链和产业链，提高实体经济的生产力和效益。推进供应链和互联网相融合，持续加大数字技术投入，探索出一条"链网融合"的新路径，实现了云网、仓网、货网的"三网通"，不仅带动产业链上下游合作伙伴实现降本增效和数字化转型升级，也有效保障了自身供应链的稳定可靠。产业链深度融合不仅催生新模式、新业态和新产业的发展，还可帮助市场主体重构组织模式，也能增强供应链和产业链的竞争力和稳定性，最终推动数字经济和实体经济的深度融合。

运用数字化技术加快数据要素对产业全链条改造，实现多行业价值链、供应链、产品链、市场链再造，推动传统产业链向中高端迈进，实现技术、产业和社会经济的变革。利用数字技术对传统产业进行全方位、全链条改造，重塑传统产业，提高全要素生产率，发挥数字技术对经济发展的放大、叠加、倍增作用，培育新的增长极。

（二）构建数字化产业集群

做强做优做大数字经济，推动数实经济融合，要将打造具有国际竞争力的数字产业集群作为重要依托。数字产业集群主要是指包括数字产品制造业、数字产品服务业、数字技术应用业、数字要素驱动业等数字经济核心领域的企业及科研、金融、物流、贸易、知识产权等相关支撑机构和公共服务平台等在特定区域聚集而形成的产业活动的空间形态和网络化组织形态。这些基础设施、投入要素、企业和机构不仅具有紧密的上下游投入—产出联系，而且相互依存、共同演化。

数字化产业集群是数字经济与实体经济融合的核心形式，能助力实体经济提高附加值和科技含量，增加数字经济的创新和发展空间。数字经济可以把物理空间转化为虚拟空间，有助于消除地缘障碍，为实体经济的发展提供更广阔的发展空间。由于数字经济具有泛在连接、实时交互等特点，互联网、移动互联网、物联网将基础设施、生产要素、各类企业和机构、产品、用户等紧密联系在一起，云计算、大数据、人工智能等数字技术可以实现海量的数据处理和交互，推动数字产业的活动突破地理空间的约束、打破传统产业集群的范围，实现以数字技术设施为支撑、以数字平台为载体、数字产业链相关参与者在虚拟数字空间的高度聚集。在数字化产业集群的布局中，需要注重产业的协同发展，进一步促进数字经济与实体经济深度融合，打造更广阔的空间布局。

大力推动数字产业创新发展，聚焦人工智能、先进计算等重点领域，培育一批掌握关键核心技术、具有国际竞争力的生态主导型企业。加强面向多元化应用场景的技术融合和产品创新，打好关键核心技术攻坚战，提升产业链关键环节竞争力，保障产业链供应链稳定。不断培育壮大云计算、大数据、区块链、工业软件等数字产业，探索建设中国特色的开源生态。推动数字产业集群化发展，高质量建设中国软件名城、名园，提升软件产业集聚度，打造世界级数字经济产业集群。

（三）建设数字生态圈

数字生态圈是指由数字经济、数字政府、数字社会、数字文化等构成的生态系统，是数字经济发展的重要组成部分，是由数字经济构成的生态系统。数字生态圈是数字经济与实体经济融合的重要形态，这个生态圈包括产业、技术、人才、政策等各个要素，通过平台化的布局来链接各个要素。数字生态圈可以实现互联互通的目标，进而加速数字经济与实体经济的融合发展。

围绕数字生态产业发展需求加快培育生态服务商。生态服务商作为推动数字生态从消费互联网单轮驱动向消费—产业互联网双轮驱动的重要动力，有助于更多更好地服务于数字生态内的主体，如数据产品服务商、外贸综合服务平台、云生态服务商等，积极培育壮大多样化生态服务商主体，对于创新服务商给予专项补贴、产业园区入驻支持等优惠政策。

建设数字孪生系统，利用数字技术模拟现实运作的整个生态系统，从而进行管控和预测。数字孪生不仅可以提高管理的智慧化水平，也可以与实体经济的运作进行结合，以帮助企业更好地适应不断变化的市场和运营模式。应完善信息化基础设施，完善城市信息采集与传输系统、城市信息保存和处理系统、城市信息交互和应用系统，建立数字地图，对基础设施、公共配套、地形地貌等要素进行全方位、多角度的立体化、全景式，呈现真实的空间图景。数字孪生平台是数字孪生系统的核心，是将数字孪生模型与空间实际现状实时连接起来的平台，可以进行实时监测、动态更新、预测分析、决策支持等方面的操作，故应建立数字孪生平台推动数字经济和实体经济的深度融合发展。

二、打造数字城市级平台

（一）构建数字城市级平台的思路

随着数据资源在链接服务国内大循环和国内国际双循环中的引领型、功能型、关键型要素地位不断突出，打造城市级平台深化数字经济与实体经济融合成为城市数字化转型的必然。城市特别是大型城市的人口多、流量大、功能密，具有复杂巨系统的特征，城市建设、发展、运行、治理各方面情形交织、错综复杂。在"百年变局"叠加"世纪疫情"的双重冲击下，大型城市迫切需要运用城市级平台深化数字经济与实体经济融合发展，探索超大城市经济发展的新模式，加快建设新型智慧城市。

"数字经济"包含数据要素、数字技术和数字底座三大核心要素。通过打造城市级平台可以引领城市数字化转型，加快数字经济与实体经济融合，具体体现在：城市级平台以数据要素为核心，形成新治理力和生产力，加快实体经济发展；城市级平台以数字技术在实体经济广泛应用为重点，大力提升城市创新能级；城市级平台以数字底座为城市复杂巨系统筑基赋能，统一技术语言、业务语言、逻辑架构、知识基座等，服务实体经济。

应从市级层面推动数字经济"城市级平台"的协同建设，从数据要素、数字技术和数字底座等方面实现整体"数字经济"发展的目标。推进"数字城市级平台"战略，从市级层面建立"数字经济"服务质量、服务内容、数据共享等通用标准，助推实现跨系统、跨部门、跨业务的互联互通。基于融合实体经济的理念，从经济产业、社会生活、政府治理三大领域的业务需求驱动，在全市范围内实现数据开放和跨部门共享，实现数据的增值利用，形成覆盖全市、统筹利用、统一接入的数据共享大平台，构建全市信息资源共享体系。

（二）构建数字城市级平台的路径

以经济、生活和治理三大领域的业务需求和协同发展为目标，设计城市级平台深化数字经济与实体经济融合发展的路径。

1. 以经济数字化城市级平台融入实体经济

通过构建城市级平台加快释放数据要素改革红利，建立数据要素市场，健全数据要素生产、确权、流通、应用、收益分配机制，以城市级平台数据流动牵引资金、人才、技术、知识等要素的全球化配置，通过城市级平台建立数据治理和安全保障体系，促进数据价值最大化发掘。以城市级平台为载体，通过相关功能型子平台提升城市数字化创新策源能力，加强关键核心技术攻关，加快建设集成电路、人工智能等世界级数字产业集群，建立跨地域科技资源的协作网络，疏通基础研究、应用研究和产业化双向链接快车道。通过城市级平台引导企业实现基于数据的"决策革命"，化解复杂市场环境的不确定性，优化资源配置效率。依托城市级平台，加快经济数字化的重大场景建设，包括推动国际数据港建设布局、打造工业互联网行业标杆平台、优化数字供应链、建设智能示范工厂、建设数字贸易会展合作平台等。特别是，在后疫情时代加快复工复产的背景下，通过城市级平台推动产业互联网和消费互联网贯通发展，助力提升产业链供应链的安全性、稳定性和保障性，为经济加快复苏保驾护航。如将工业互联网加快接入城市级平台等，助力高端制造企业实时、远程、高效管控等。

2. 以生活数字化城市级平台服务实体经济

城市是生命体，要让实体经济加快发展，城市要更有温度，必须坚持以人民为中心，引导全社会共建共治共享"数字经济"，形成共建共治共享的"数字经济"创新生态圈，打造有温度的生活数字化城市级平台，服务实体经济。首先，从企业、市民和城市运行高频急难的问题中发现数字化转型的应用场景，引导市场主体参与数字化转型场景运营，全面激发社会创造力和市场活力；其次，借助城市级平台融合更多生活应用场景，使人人都成为数据的生产者、治理者、使用者、获益者；再次，在城市突发公共事件（如疫情和灾害）面前，通过城市级平台的高效运作与精准对接，保障市民基本的物资、就医等民生需求，包括通过城市级平台保障应急物资数据化、系统化采集，让信息流完善可视，保证公开透明等。通过城市级平台的高效监管，实现政企协同，对采购、库存、配送全流程进行大数据管理，提升物资调配效率；加快新技术新模式在城市级平台公共卫生应急领域的创新应用，如完善互联网诊疗服务和 5G 技术远程会诊等。

3. 以治理数字化城市级平台保障实体经济

借助城市级平台独有的综合优势，深化两个一网融合，纵深推进"一网通办""一网统管"工程，实现政务服务从"能用"向"好用"转变，加快法治、公安、应急、公用设施等领域的数字化转型，保障实体经济。通过城市级平台的党建引领功能，加强数字赋能多元化的社会治理，推进基层治理、法治建设、群团组织等领域的数字化转型。以城市级平台赋能数字底座，推动政府以数据驱动流程再造，践行"整体政府"服务理念，以数据为基础精准施策和科学治理，变"人找政策"为"政策找人"，变被动响应为主动发现，打造科学化、精细化、智能化的超大城市"数治"新范式。在公共事件面前，打造城市级平台的"信息网络"，包括信息高效采集、动态发布、透明发布等方面，成为全市应对公共事件的最重要助力。将城市级平台打造成为服务实体经济的"城市大脑"，融合交通枢纽、疾控、医疗、出行等多维度的大数据，实现有效的数据归集；"城市大脑"通过人工智能将关键数据转换成图形图表，生成多个"指数"在城市级平台及时滚动发布，信息传达清晰有效可视，帮助管理者实现综合调度，让市民及时准确获知所需信息等。

（三）构建城市级平台的对策

1. 推进"数字城市级平台"战略的顶层设计

"数字城市级平台"战略是依托整个城市为视角，打造数字经济与实体经济融合发展为目标的城市级平台战略。树立城市级平台思维，把握城市级平台逻辑，创新城市级平台模式，充分用好上海海量应用场景优势，对"数字城市级平台"战略进行顶层设计，形成政策框架体系，包括法律法规、行动方案、体制机制、保障支撑等层面，避免城市级平台建设过程中诸如碎片化重复投入、数据孤岛等问题的产生。统一规划，推动开放共享，加快技术创新，强化制度供给，不断提升实际应用效能，尽快形成数字底座夯实、系统建设开源、应用开发跨界、共性技术支撑、制度规则统一的局面。

2. 强化数据安全，打造算法公平

数据安全和算法公平对于城市级平台而言尤为重要。城市级平台在保证个人数据信息安全方面，应规范数字技术的应用，制定如人脸、指纹等数据采集的限制性规定，对特定条件下数据采集的必须性、合理性

和相应企业机构的技术、管理、安全保证能力进行评估，设立许可证制度。完善有关法律法规与技术规范准则，对重要的数据资源进行整合分类，构建数据流动的安全评价体系。对数字技术与算法进行监督管理，同时给予相应的法律授权。例如，建立专业、直接受市政府领导的第三方独立机构等。

3. 城市级平台的协同发展

城市级平台的协同发展主要包括主体协同和业务协同两个层面。（1）主体协同。城市级平台要强化"以城市为主场、企业为主体、市民为主人"，要让更多的企业、组织和个人参与进来。出台主体协同的相关政策，实现城市级平台顺应市场规律，发挥市场作用，在借助市场化力量过程中实现政府的主导作用，包括充分调动国企、民企、外企等市场主体共同参与城市级平台的建设；社会组织本身具有专业优势，可作为政府与公众之间的链接纽带，动员社会化力量推动城市级平台的建设等。（2）业务协同。制定促进行业间、部门间的资源合理配置，以共同利益目标推动跨条线、跨层级之间业务协同的政策。加快数据要素市场培育，加强数据流动和开放，建立数据开放共享的平台机制，以数据流动带动部门合作，推进经济、生活和治理三大领域数字经济与实体经济融合的有效衔接、相互赋能，共同作用于实体经济发展，在跨领域融合创新上加快突破。

三、强化融合支撑体系

在加快5G、大数据中心、工业互联网等数字新型基础设施建设的基础上，强化融合支撑体系，不断提升对不确定性的快速响应能力。立足不同产业特点和差异化需求，利用数字技术进行全方位、全链条改造，为数实融合提供有力的支撑。

（一）搭建数字化公共服务平台

针对数字经济与实体经济融合发展成本高的问题，可通过平台联动、政府采购服务、补贴奖励等方式降低运营成本，鼓励搭建业务数据集成和智能控制平台，打造数字化公共服务平台，逐步走向基于平台的应用变革。在条件成熟的产业集群内优先进行数字经济与实体经济深度融合发展试点，有效推进企业数字化、实体化、网络化步伐。对于基础薄弱的企业，应当审时度势通过平台推广，将线下业务向线上转化，逐步实现业务电子化，扩大业务规模，由成本低、周期短的业务范围转向研发设计、供应链管理、分析决策等业务。

对于规范化、流程化模式发展较好的企业，应以数据信息为核心动力，向数字经济与实体经济融合发展的方向转型。对于数字化初级阶段向深度融合阶段转型的企业，应当在融资时适当放宽标准，解决企业资金流转和发展困难问题，突破技术壁垒，提高此类企业的信息化建设水平，实现数据共享。加快个性化定制等新模式、新业态的应用，通过构建数字化场景，来推动数字经济与实体经济融合应用技术的研发及成果转换。

（二）优化技术创新体系

深化科技体制改革，从根本上促进数字经济发展，推动数字经济和实体经济深度融合。强化科技创新，不能仅"头痛医头、脚痛医脚"地停留在表面，还要深化科技体制改革，从根本上创造适合科技创新的有利环境，切实增强创新主体的内在活力和创新动力。应充分发挥数据在创新、决策和运营等方面的作用，增加知识与信息要素在实体经济中的运用，提高数字经济与实体经济各环节融合程度。

在新形势下深化科技体制改革，必须牢牢抓住两个关键领域。一方面，在科研成果不能市场化或难以市场化的原创性基础研究领域，要构建"让科研人员舒心的科研生态"。充分尊重科研的自身规律，创造宽松自由的环境、尊重信任的氛围、广阔充分的前景、服务科研的机制、激励创新的制度、科学评价的导向、丰富易得的资源、后顾无忧的保障，全方位构建让科研人员舒心的科研生态。让科研人员无后顾之忧地、充满希望地、满怀热情地、宽松自由地创造。

另一方面，在科研成果可以市场化的应用研究领域及部分基础研究领域，要完善"以市场激励为导向的高效管理体制机制"。进一步依靠市场机制配置科技资源，加快建立主导产业技术创新体制机制。建立以企业为主体，生产、教育、科研深度整合，促进科技成果转化的市场化技术创新体系。加快推进要素市场化改革，激发企业技术研发投入的积极性，加强知识产权保护，使企业通过技术创新获得合理的市场补偿。充分发挥政府搭建平台、监督管理的作用，为科技成果转化提供强有力服务。力求通过体制机制创新，破除制约创新驱动发展的体制机制瓶颈，推动数字经济领域创新不断取得新突破，发挥出数字经济的核心引领带动作用，在更深层次上促进数字经济和实体经济深度融合发展。

（三）推动制造业全面数字化转型

制造业是我国国民经济的主体，是立国之本、兴国之器、强国之基，实现制造业高质量发展，是推动数字经济与实体经济融合发展的重要战略任务、主攻方向和关键突破口。

加快推动制造业全面数字化转型，推动制造业全产业链实现生产模式、运营模式、企业形态的根本性变革。近年来，数字技术与制造业愈发呈现出融合发展的趋势，制造业研发设计、生产流程、企业管理，乃至用户关系都呈现智能化特点。推动制造业数字化转型，已经成为数字经济和实体经济融合发展的关键所在。因此，必须根据制造业的产业特点和差异化需求，加快推动传统产业全方位、全链条数字化转型，增强产业链关键环节竞争力，完善重点产业供应链体系，全面提高全要素生产率。

加强智能制造、工业互联网等试点示范，制定数字经济与实体经济融合发展路线图。一是深入实施智能制造工程。大力推动装备数字化，开展智能制造试点示范专项行动，完善国家智能制造标准体系。培育推广个性化定制、网络化协同等新模式。二是大力支持传统产业数字化转型。利用大数据、人工智能等数字技术，对传统产业进行全方位全链条改造，支持企业加快推进线上营销、远程协作、数字化办公、智能生产线等应用，逐步实现研发、生产、物流、服务全流程数字化转型。三是加快推动制造业企业数字化转型。打造一批数字化新型企业，培育一批"专精特新"企业和制造业单项冠军企业，加快构建以企业为核心的数字经济与实体经济融合发展新形态。鼓励和支持互联网平台、行业龙头企业开放数字化资源，帮助传统企业和中小企业实现数字化转型。四是积极推动数字化产业链延伸。在抓住制造业数字化转型这个核心的同时，还应加快推动农业、服务业数字化转型，提高数字经济在农业、服务业的渗透率，提升数字经济和实体经济融合发展的均衡性、可持续性。

第三节　微观层面的推进路径

数字技术是数字经济与实体经济深度融合的原动力，要把科技自立自强作为数字经济与实体经济技术深度融合的核心支撑，从微观层面上构建促进数实融合的推进路径。

一、激发人才优势

（一）优化人才结构

发挥人才优势，激发数字经济和实体经济深度融合发展的核心动力。习近平总书记指出："人才是第一资源，国家科技创新力的根本源泉在于人。"① 为顺应数字时代要求，需要通过提高人才层次来推动数字经济与实体经济融合发展。《提升全民数字素养与技能行动纲要2022～2035》指出，要加强全民数字技能教育与培训，普及提升公民

---

① 人民网：《【每日一习话】人才是第一资源》，http://politics.people.com.cn/n1/2022/0711/c1001-32471567.html。

数字素养。其中，数字素养是指公民学习工作生活应具备的数字获取、制作、使用、评价、交互、伦理道德、分享、创新、安全保障等一系列素质与能力的集合。工信部提出深化产教融合，推动行业人才培养迈上新台阶，实施专业技术人才知识更新工程。数字经济和实体经济融合本质是通过数字技术与场景、产业、业务等的深度融合，融合过程所需要的人才除满足获取数据、分析数据、运用数据能力以外，还需要满足一个或者多个其他专业能力。数字经济和实体经济融合发展所需的人才可以粗略划分为三个层面：管理人才、应用人才和技术人才（表7-1）。

表7-1　数实融合发展的人才层次

人才类别	角色
管理人才	数字经济和实体经济融合发展的领导力量，组织融合战略的落地和实施，管理者需要深入理解融合产生的商业价值，将数字经济和实体经济内化为经营理念、方法，在转型中塑造融合变革的领导力。
应用人才	数字经济和实体经济融合发展的创新力量，数字经济和实体经济融合发展的本质是要服务于业务增长，基业长青，需要数字时代的业务管理者及相关业务骨干加强跨领域数字化应用能力创新与培养，围绕客户价值推动业务价值链重构。
技术人才	数字经济和实体经济融合发展的支撑力量，该类人才聚焦技术专业能力建设，助力企业构建数字经济和实体经济融合发展平台，同时对业务的深刻理解，能进行跨领域技术融合成为数字时代对专业技术人才的基本要求，助推数字经济和实体经济深度融合发展。

资料来源：作者自制。

实施更加积极开放的人才政策，既要吸引海外数字经济精英，引进复合型、领军型的国际高端人才，也要加紧培育本土数字人才梯队。要进一步打通高校科研院所、企业和政府部门，形成支持数字经济发展的"官产学研用"充分结合的共生生态体系。制定关键技术研发和人才培养的政策，支持以知识、技能、管理等多种要素参与分配，采取股权激励、期权激励等方式，激发研发人才的创新积极性。积极发展天使投资和风险投资等金融手段，建立专利价值评价标准和制度，完善专利实施转化相应政策，鼓励科研人员进行科学研究和创办企业。

（二）招引高端人才

为了促进数实融合，不仅要吸引高端人才进入市场，更要吸引高端人才留在市场。让复合型人才专注科研开发，更好地投入以市场化激励为导向的高效管理体制。

布局建设数字经济和实体经济融合发展的人才市场，高品质提供人才引育、高新技术研发、企业推广、高级人才寻访、专利申报等特色服务。在人才培养体系构建上，应积极组织就业培训，鼓励社会组织对引进的数字经济和实体经济融合发展人才实施分级激励措施。邀约领军人才担任数字经济和实体经济融合发展专家顾问，推进学术交流、项目洽谈等，通过优秀人才的带动作用，推进数字经济和实体经济深化融合。

在人才激励方面，保障优秀人才的科研环境，改善复合型人才住房情况，切实落实留住人才。开展数字技术工程师培育，围绕智能制造、产业集群、区块链、人工智能、物联网、大数据等数字技术领域，对自主创业的高端人才予以政策支持。

整合各种人才资源，建立健全适合本区域人才招引体系，形成区域高水平人才储备。政府和人才管理部门依据企业和市场人才需要，及时调整人才引进方向，弥补企业和本地市场基础性、紧缺型技术人才。通过引进更多高层次人才，建立多类型人才数据库，实施高端数字人才专项优惠，进一步完善和优化人才资源配置。

（三）培育"数字工匠"

随着数字经济布局加快，数字人才需求快速增长，"数字工匠"人才队伍成为推动高质量发展的重要力量。要构建多层次"数字工匠"人才培养体系，完善数字技能人才评价激励机制，深化数字经济领域产业工人队伍建设改革，着力加强"数字工匠"人才队伍建设。

第一，构建多层次"数字工匠"人才培养体系，提升数字经济劳动力供给水平与质量。坚持需求导向，积极推进数字经济学科体系建设，支持高校和科研院所围绕人工智能、集成电路、大数据、区块链、智能制造等领域设置相关学科和专业，着力培养创新型、应用型数字技能人才。加强职业院校数字技术技能类人才培养，支持企业与院校共建，发展订单制、现代学徒制等多元化人才培养模式。

第二，完善数字技能人才评价激励机制，着力提高技能水平。深化技能评价改革，以国有企业、上市公司等龙头企业为重点，支持企业自主设置数字技能岗位等级，自主开发制定评价标准，自主开展人才评价。加强数字领域高技能人才与专业技术人才职业发展贯通，更好搭建人才成长立交桥。

第三，深化数字经济领域产业工人队伍建设改革，激发职工创新创造活力。做强做大"数字工匠"技能大赛，发现、培育、锻造一批数字领域高技能人才。健全数字技术创新成果转化激励机制，把竞赛活动、技术创新与技能评定、晋级晋升结合起来，激发职工创新创造潜能。大力弘扬劳模精神、劳动精神、工匠精神，发挥数字经济领域劳动模范、大师工匠等高技能人才传帮带作用。

二、强化核心技术的攻关和赋能

通过关键核心技术攻关与赋能，推动数字经济与实体经济深度融合。关键核心技术是实现经济高质量发展的重要战略支撑。习近平总书记强调："要优化和强化技术创新体系顶层设计，明确企业、高校、科研院所创新主体在创新链不同环节的功能定位，激发各类主体创新激情和活力。"为形成关键核心技术和重要部件攻关强大合力，需要充分发挥中国制度优势、市场优势和人才优势，加快推进科技研发，让创新成为数字经济和实体经济融合发展的引擎。

（一）强化关键技术研发

缺乏关键核心技术一直是我国数字经济领域产业创新和国际竞争的"软肋"和"瓶颈"。当前，解决关键核心技术"卡脖子"问题已经成为推动数字经济发展，乃至加快数字经济和实体经济深度融合发展的关键所在。以打造现代产业链"链长"为抓手，进一步提升数字技术原创能力。紧扣国家重大战略需求和产业发展瓶颈，加快关键核心技术攻关，着力构建"基础研究＋技术攻关＋成果产业化＋科技金融＋人才支撑"全过程创新生态链。

企业是关键核心技术攻关的创造者和应用者，市场是检验关键核心技术的基准性标准。企业需要洞悉关键核心技术领域，要突破技术壁垒，把握技术赶超时机，逐步摒弃技术模仿，集中项目资源，发挥中国特有的制度优势，通过技术创新推动科技进步。利用新科技革命出现的机会期，凝练前沿科学技术，明晰关键核心技术瓶颈，通过增加新兴科技的创新投入提高创新效率，构建基础研究、应用研究和产业研发的全链条布局。加快构建龙头企业牵头，发展具有创新型的共性技术体系，推动科研创新。构建"卡脖子"技术的攻关机制，深化数字经济与实体经济头部企业在基础性数字技术研发、应用性场景拓展方面的互动合作，进行"卡脖子"技术的协同攻关。

在关键核心技术方面，应集中突破操作系统、高端芯片、核心算法与框架、工业软件等领域，加强云计算系统、软件关键技术一体化研发。以数字技术与各领域融合应用为导向，推动平台企业、数字技术服务企业跨界创新，优化创新成果快速转化机制，加快创新技术的产业化。鼓励发展企业创新联合体、新型研发机构等新型创新主体，打造网络化协同、市场化运作、多元化参与的创新生态体系。打造新兴数字产业新优势，协同推进信息技术软硬件产品规模化、产业化应用，加快平台化、定制化服务模式创新，提升关键软硬件技术创新和供给能力，推动软件产业做大做强。打造原创技术策源地，加大集成电路、关键软件、人工智能等重点领域核心技术创新力度。强化原创技术供给，建设新型创新主体，推动数字技术成果转化，打造系统完备、安全可靠的产业发展生态。

（二）抢先布局前沿技术

超前布局6G、未来网络、类脑智能、量子计算等未来科技前沿领域，形成以公共平台、底层技术、龙头企业等为核心的数字前沿技术创新生态。推进高校、企业科研力量、科研院所优化配置和资源共享，注重生态培育和原始创新，促进关键核心技术攻关，有针对性地开展人工智能、高端芯片等前沿核心技术研发。围绕人工智能、区块链等前沿技术创新，建设前沿技术研究院和国家重点实验室，聚智汇力加速战略性颠覆性技术发展。

关键核心技术具有复杂性、战略性、长周期等典型特点，这就要求必须充分发挥社会主义制度优势，围绕国家战略需求，形成科技攻关新体系，构建具有竞争优势、创新资源配置合理的科技力量，赢得战略主动（表 7-2）。

表 7-2　数字经济和实体经济深度融合关键技术

技术名称	技 术 功 能
区块链	区块链是以分布式记账方式将发生的事项记录在案的方法，具有不可篡改、可溯源、智能合约、信息共享等多种功能。区块链是数字科技基础架构技术，其他多种技术基于区块链技术基础得以实现。区块链技术分为公链和私链，广泛应用于实体企业的经营决策管理中。
云计算	云计算通常指应用计算机网络形成的具有极强计算能力的系统，不仅能存储、集合有关资源，还能按照用户需求进行配置，从而提供个性化服务。"云"的本质是网络，狭义的云计算指可提供资源的网络，广义的云计算指与软件、信息技术以及互联网相关的一种服务，云计算的核心价值是以互联网为中心，在网站上提供快速又安全的云计算服务以及数据存储，使互联网用户享受海量的计算资源以及数据中心。
人工智能	人工智能是运用计算机系统模仿人类思维、行为的一种工具，伴随数字科技的全面发展，人工智能已有部分功能超越人类所能，可替代人类从事一些工作，特别是在海量计算、工作时间等方面，不仅速度快且十分精准。人工智能已从初期的自动化向智能化、智慧化迈进，其功能越来越强大，使用范围越来越广泛，是实体经济发展优选实用技术之一。

技术名称	技 术 功 能
物联网	物联网是应用远程视频、遥感、射频识别（FD）等技术对物质状态进行全流程、全方位管理的一种技术。物联网是建立在互联网技术基础上的一种新技术，实现了信息流、资金流、物流三合一，可以对物质状态进行有效管理，广泛应用于实体企业生产经营管理中。
5G	5G作为第五代移动通信技术，具有速率高、大连接和时延低等特点，5G能够实现人机物互联功能，可为移动互联网用户带来更好的应用体验；满足实体经济中远程医疗、自动驾驶、工业控制等对时延和可靠性具有较高要求的应用需求；方便环境监测、智能家居、智慧城市等以传感和数据采集为目标的应用需求。
元宇宙	元宇宙是一种思维与方式，是集合人工智能、大数据等多种数字科技工具形成的一种综合性数字科技工具，通过数字孪生、现实增强等技术手段，比照现实世界再造一个虚拟世界，通过虚实结合、交互，让人处于沉浸式享受之中，带给人感官的极度刺激和快乐。元宇宙可以将自然世界的场景与活动在虚拟世界进行模拟运行，为现实世界实体经济的管理提供相应参数、案例和经验。
大数据	大数据是以海量数据信息为基础，通过对数据进行分类、清洗，最终按照既定市场目标录用有价值信息的一种技术方法。数据信息量越大，大数据描绘的图像越清晰、越准确。大数据是数据科技的基础要素信息，是其他数据科技工具发挥作用的基础材料。同时，大数据可以直接应用于客户营销、决策管理等多个场景。

资料来源：作者整理所得。

中国超大规模市场是促进关键技术攻关的核心动力，应充分借助市场机制的有利作用，抢占先机，赢得战略主动，确保商业可持续发展，利用超大规模市场分摊关键核心技术的高昂投入成本。强化高校院所作为关键核心技术攻关的重要支撑作用。高校是基础研究和重大科技突破的发源地，构建健康学术生态，以有效学术科研为保障，肩负知识创新重任，培养一流人才的创新体系，攻克关键核心技术。推动创新主体和创新平台有效结合，重点研发具有先发竞争优势的关键核心技术和引领未来发展的前沿技术。

（三）建设产学研协同创新平台

由于科技成果转化为现实生产力的过程仍然存在较多问题，需要依托创新型平台，加强关键核心技术的基础研究和应用基础研究的前瞻部署。构建一个由研究型本科院校专家学者学术指导，协会联盟与产业园区宣贯推广，职业院校与产业企业供需匹配的数字经济协同创新载体。"产学研"各方在这一平台载体上汇聚资源，对接需求，落地项目，产出成果，从而实现以教促产、以产助教，不断延伸教育链、服务产业链、支撑供应链、打造人才链、提升价值链，加快形成产教良性互动、校企优势互补的产教深度融合发展格局。

协同创新平台则可以作为重要的途径和抓手，促进数字经济与实体经济融合发展。在科技革命和产业变革发展的新阶段，打造的信息共享、资源汇聚、技术研讨、生态拓展、项目对接、标准制定、成果转化的公益性协同创新平台，强化各个利益主体协同合作。关键核心技术攻关要以全球视野来深化创新协同，深化创新开放合作，抢先布局下一代脱氧核糖核酸（DNA）存储、类脑智能、量子信息、移动通信技术、神经芯片、第三代半导体等新兴技术，牢牢掌握数字经济和实体经济融合发展的自主权。

尊重市场运行规律和经济发展本质，促进目标实现和经济效益的有效结合，利用更多的科技政策引导市场，促进企业成为企业创新主体，推动数字经济和实体经济有效融合。开展关键软硬件的研发迭代和突破应用，培育开源生态，提升物联网、工业互联网、人工智能、区块链等创新能力，打通贯穿基础研究、技术研发、中试熟化与产业化全过程的创新链，重点布局区块链、5G、大数据、物联网、人工智能、云计算等领域，突破数字孪生、脑机融合、智能制造、边缘计算、城市大脑等集成技术。

三、发挥平台引领和支撑作用

数字经济时代催生了平台生态系统模式，正在逐步颠覆传统价值链公司的管理体系，打破企业内部传统分层的科层制组织模式，以自组织方式重塑价值创造新模式。可以充分发挥数字平台生态系统的功能，提升产业互联网平台的效能，助力数字经济与实体经济融合发展。

（一）构建平台生态系统

平台生态系统作为一个复杂适应系统，其行动者通过微观、中观和宏观跨层次聚集，具有非线性、自组织性与适应性等特征，围绕核心平台形成生态圈，具有巨大的外溢效应。作为数字经济背景下商业模式的最新探索，平台生态系统是一个自我调节的系统，被称为"元组织"，即由共享的制度逻辑和通过交换相互创造的价值连接起来的资源整合体。

平台生态系统可以通过产业链分工形式，以信息技术和互联网为基础赋能多元主体，降低产品和信息流动成本，促进数字经济和实体经济深度融合。在产业体系的平台化运作过程中，要将观念、体系、流程全部以数字经济的思维模式加以改变，加速推动数字化的集成设计工具、数字化的移交平台工具和数字化工厂的标准规范。平台生态系统是一个有机的联合经济体，人和组织在这个系统中可以不断地互动、相互依存，并在不断的交互中共同进化。

依托平台生态系统，构建"平台+"产业生态体系，加速实体经济数字化转型。优化制度环境，建立有序平台开放生态，形成以治理共融、共生、共享和共建的新格局，从而推进数字经济和实体经济深度融合。构建共生共融、相互协同与耦合的平台开放生态，形成平台生态合作范式，通过新技术构建全面立体的信任基础，极大地促进产业的高效协作，创造新价值、新业态和新合作模式。

（二）提升产业互联网平台的效能

产业互联网平台作为重要的基础设施，成为数字产业化与产业数字化能否实现的基石。如果说改变生活方式的是消费互联网，改变社交方式的是社群互联网，改变生产方式的是工业互联网，那么能够将生产生活方式实现贯通并实现"交易平台+产业数字化"的则是产业互联网。① 产业互联网用产业思维打通生产方式与生活方式，形成一种新的经济形态、产业结构、组织方式与增长方式。

---

① 狭义上的产业互联网是指以生产者为主要用户，通过在生产、交易、融资和流通等各个环节的网络渗透从而达到提升效率、节约资源等行业优化作用，带来全新管理模式、服务机制、服务体验的产业形态。而广义上的"产业互联网"，则是面向生产者、消费者等用户，通过在社交、体验、消费、流通、交易、生产等各个环节的网络渗透从而达到优化资源配置、加速敏捷供应、提高消费体验，最终将生产方式（技术构成+组织方式+管理模式+服务模式）与生活方式（消费模式+社交模式+消费体验）全面贯通的产业形态。

产业互联网本质上是产业组织创新，中间层是资本运作、技术架构和商业模式，基底则是产业开放创新生态圈。产业互联网作为数智科技条件下的产业组织者，依赖于多创新主体的协同推进机制。当前，大量产业互联网还处于探索阶段，迫切需要重识产业互联网技术的逻辑、资本的逻辑、商业的逻辑、产业的逻辑、生态的逻辑，以便更好地服务数字化转型与产业组织创新。

依托产业互联网，全面发展"平台+"产业体系。首先，要跨行业、跨领域选择出优质企业互联网平台，同时制定出一系列可复用、推广的平台解决方式。其次，要确保工业互联网创新发展相关工作得到有序开展，进而建设出能够相互嵌套和具有集成创新特点的平台体制。最后，着力建设工业互联网示范区，全面建设平台体验试点以及示范基地，促进平台应用能够由点至线、由线至面。充分发挥产业互联网要素配置、供需枢纽、链条治理等功能，促进产业链协同发展。

参考文献

————————————————————————

蔡跃洲、马文君：《数据要素对高质量发展影响与数据流动制约》，《数量经济技术经济研究》2021 年第 3 期。

蔡跃洲、牛新星：《中国数字经济增加值规模测算及结构分析》，《中国社会科学》2021 年第 11 期。

曹修琴、刘艳霞、祁怀锦：《数字经济对公司治理的影响——基于信息不对称和管理者非理性行为视角》，《改革》2020 年第 4 期。

钞小静、王宸威、薛志欣：《中国新经济的逻辑、综合测度及区域差异研究》，《数量经济技术经济研究》2021 年第 10 期。

钞小静：《以数字经济与实体经济深度融合赋能新形势下经济高质量发展》，《财贸研究》2022 年第 12 期。

陈安霓、陈冬梅、王俐珍：《数字化与战略管理理论——回顾、挑战与展望》，《管理世界》2020 年第 5 期。

陈佳毅、范玲、李向阳：《数字经济与经济高质量发展耦合关系研究》，《经济问题》2022 年第 9 期。

陈剑、黄朔、刘运辉：《从赋能到使能——数字化环境下的企业运营管理》,《管理世界》2020 年第 2 期。

陈静、左鹏飞：《高质量发展视角下的数字经济与经济增长》,《财经问题研究》2021 年第 9 期。

陈庆江、万茂丰、王彦萌：《企业数字化转型的同群效应及其影响因素研究》,《管理学报》2021 年第 5 期。

陈文奇、方亚琪：《基于产业链的实体经济测度研究》,《经济问题》2019 年第 12 期。

陈曦：《推动数字经济与实体经济深度融合：理论探析与实践创新》,《人民论坛·学术前沿》2022 年第 24 期。

陈晓东、刘洋：《中国数字经济发展对产业结构升级的影响》,《经济与管理研究》2021 年第 8 期。

陈晓东、杨晓霞：《数字经济发展对产业结构升级的影响——基于灰关联熵与耗散结构理论的研究》,《改革》2021 年第 3 期。

陈晓红、李杨扬、宋丽洁、汪阳洁：《数字经济理论体系与研究展望》,《管理世界》2022 年第 2 期。

陈永伟、丁文联、费方域、黄晓锦、闫自信、杨汝岱：《数字经济时代数据性质、产权和竞争》,《财经问题研究》2018 年第 2 期。

崔格格、李腾、孙国强：《数字产业化与产业数字化：双向联动关系、产业网络特征与数字经济发展》,《产业经济研究》2021 年第 5 期。

崔晓杨、胡毅、乔晗、汪寿阳、闫冰倩：《基于"微笑曲线"的全产业链商业模式创新——万达商业地产案例》,《管理评论》2016 年第 11 期。

邓洲、史丹、赵剑波:《高质量发展的内涵研究》,《经济与管理研究》2019 年第 40 卷第 11 期。

豆渊博、任保平:《"十四五"时期新经济推进我国产业结构升级的路径与政策》,《经济与管理评论》2021 年第 1 期。

付晓东、王谦:《数据要素赋能经济增长机制探究》,《上海经济研究》2021 年第 4 期。

古丽巴哈尔·托合提:《数字经济与实体经济的融合对经济运行的影响机制研究》,《全国流通经济》2020 年第 25 期。

郭家堂、骆品亮:《互联网对中国全要素生产率有促进作用吗?》,《管理世界》2016 年第 10 期。

郭美晨:《ICT 产业与产业结构优化升级的关系研究——基于灰关联熵模型的分析》,《经济问题探索》2019 年第 4 期。

郭品、沈悦:《互联网金融、技术溢出与商业银行全要素生产率》,《金融研究》2015 年第 3 期。

韩凤芹、李婕:《我国数字经济发展的财税政策建议》,《社会科学家》2021 年第 12 期。

何爱平、李清华:《数字经济对区域经济协调发展的影响效应及作用机制研究》,《经济问题探索》2022 年第 8 期。

何帆、刘红霞:《数字经济视角下实体企业数字化变革的业绩提升效应评估》,《改革》2019 年第 4 期。

何厚聪、任保平：《数字经济赋能高质量发展：理论逻辑、路径选择与政策取向》,《财经科学》2022 年第 4 期。

何宗樾、万广华、张佳佳、张勋：《数字经济、普惠金融与包容性增长》,《经济研究》2019 年第 8 期。

洪银兴、任保平：《数字经济与实体经济深度融合的内涵和途径》,《中国工业经济》2023 年第 2 期。

胡慧芷、林慧妍、任晓怡、吴非：《企业数字化转型与资本市场表现——来自股票流动性的经验证据》,《管理世界》2021 年第 7 期。

胡西娟、师博、杨建飞：《数字经济优化现代产业体系的机理研究》,《贵州社会科学》2020 年第 11 期。

黄群慧：《论新时期中国实体经济的发展》,《中国工业经济》2017 年第 9 期。

焦豪：《双碳目标下国有企业数字化战略变革的模式、路径及保障机制研究》,《北京工商大学学报（社会科学版）》2022 年第 3 期。

焦帅涛、孙秋碧：《我国数字经济发展测度及其影响因素研究》,《调研世界》2021 年第 7 期。

金春枝、李伦：《我国互联网数字鸿沟空间分异格局研究》,《经济地理》2016 年第 8 期。

荆文君、孙宝文：《数字经济促进经济高质量发展：一个理论分析框架》,《经济学家》2019 年第 2 期。

康铁祥：《中国数字经济规模测算研究》,《当代财经》2008 年第 3 期。

李斌、刘典范、赵庆华等：《实体经济的测度指标体系研究》,《经济问题》2016 年第 1 期。

李广乾、梁琦、王如玉：《虚拟集聚：新一代信息技术与实体经济深度融合的空间组织新形态》,《管理世界》2018 年第 2 期。

李海舰、李燕：《对经济新形态的认识：微观经济的视角》,《中国工业经济》2020 年第 12 期。

李连燕、王可：《"互联网 +"对中国制造业发展影响的实证研究》,《数量经济技术经济研究》2018 年第 6 期。

李林汉、田卫民、袁野：《中国省域数字经济与实体经济耦合测度——基于灰色关联、耦合协调与空间关联网络的角度》,《工业技术经济》2022 年第 8 期。

李梦欣、梁琦、肖素萍：《数字经济发展提升了城市生态效率吗? ——基于产业结构升级视角》,《经济问题探索》2021 年第 6 期。

李睿、田秀娟：《数字技术赋能实体经济转型发展——基于熊彼特内生增长理论的分析框架》,《管理世界》2022 年第 5 期。

李仕明、马永开、潘景铭：《工业互联网之价值共创模式》,《管理世界》2020 年第 8 期。

李文莲、夏健明：《基于"大数据"的商业模式创新》,《中国工业经济》2013 年第 5 期。

李晓华：《"新经济"与产业的颠覆性变革》，《财经问题研究》2018年第3期。

李晓华：《数字经济新特征与数字经济新动能的形成机制》，《改革》2019年第11期。

李越、倪江飞、裴长洪：《数字经济的政治经济学分析》，《财贸经济》2018年第9期。

梁上坤、张智、赵涛：《数字经济、创业活跃度与高质量发展——来自中国城市的经验证据》，《管理世界》2020年第10期。

廖雪华、肖静华、谢康：《效率与公平不完全相悖：信息化与工业化融合视角》，《经济研究》2021年第2期。

林汉川、刘淑春、闫津臣、张思雪：《企业管理数字化变革能提升投入产出效率吗》，《管理世界》2021年第5期。

刘淑春：《中国数字经济高质量发展的靶向路径与政策供给》，《经济学家》2019年第6期。

陆朝阳、吴珍玮、张娜、张帅：《中国省域数字经济与实体经济融合的演变特征及驱动因素》，《经济地理》2022年第7期。

罗良清、平卫英、张雨露：《基于融合视角的中国数字经济卫星账户编制研究》，《统计研究》2021年第1期。

欧阳日辉：《数实融合的理论机理、典型事实与政策建议》，《改革与战略》2022年第5期。

彭毫、赵振：《"互联网+"跨界经营——基于价值创造的理论构建》,《科研管理》2018 年第 9 期。

戚聿东、褚席:《数字经济发展、经济结构转型与跨越中等收入陷阱》,《财经研究》2021 年第 7 期。

戚聿东、肖旭:《产业数字化转型的价值维度与理论逻辑》,《改革》2019 年第 8 期。

戚聿东、肖旭:《数字经济时代的企业管理变革》,《管理世界》2020 年第 36 卷第 6 期。

史丹、孙光林:《数字经济和实体经济融合对绿色创新的影响》,《改革》2023 年第 2 期。

夏杰长:《中国式现代化视域下实体经济的高质量发展》,《改革》2022 年第 10 期。

肖茜、张红军:《实体经济的测度及其作用》,《中国统计》2019 年第 12 期。

谢莉娟、庄逸群:《互联网和数字化情境中的零售新机制——马克思流通理论启示与案例分析》,《财贸经济》2019 年第 3 期。

谢云飞:《数字经济对区域碳排放强度的影响效应及作用机制》,《当代经济管理》2022 年第 2 期。

徐翔、赵墨非:《数据资本与经济增长路径》,《经济研究》2020 年第 10 期。

许宪春、张美慧:《中国数字经济规模测算研究——基于国际比较的视角》,《中国工业经济》2020 年第 5 期。

杨汝岱：《大数据与经济增长》，《财经问题研究》2018 年第 2 期。

杨仲山、张美慧：《数字经济卫星账户：国际经验及中国编制方案的设计》，《统计研究》2019 年第 5 期。

Armstrong, C., Craig, B., Jackson, W. E. and Thomson, J. B., "The Moderating Influence of Financial Market Development on the Relationship between Loan Guarantees for SMEs and Local Market Employment Rates", *Journal of Small Business Management*, Vol.52, No.1, 2014, pp.126—140.

Bailey, D. E., Leonardi, P. M. and Barley, S. R., "The Lure of the Virtual", *Organization Science*, Vol.23, No.5, 2012, pp.1485—1504.

Barney, J. B., "Firm Resources and Sustained Competitive Advantage", *Advances in Strategic Management*, Vol.17, No.1, 1991, pp.3—10.

Chanias, S., Myers, M. D. and Hess, T., "Digital Transformation Strategy Making in Pre-digital Organizations: The Case of a Financial Services Provider", *The Journal of Strategic Information Systems*, Vol.28, No.1, 2019, pp.17—33.

Chesbrough, H. W., Vanhaverbeke, W. and West, J., "Open Innovation: Researching A New Paradigm", *Creativity and Innovation Management*, Vol.17, No.4, 2008, pp.334—335.

Commission E., Digital Economy and Society Index. Methodological Note, European Commission, 2015.

Dennett, D. C. and Roy, D., "Our Transparent Future", *Scientific American*, Vol.312, No.3, 2015, pp.64—70.

Goldfarb, Avi, and Tucker, C., "Digital Economics", *Journal of Economic Literature*, Vol.57, No.1, 2019, pp.3—43.

Heo, pp. S. and Lee, D. H., "Evolution of the Linkage Structure of ICT Industry and Its Role in the Economic System: the Case of Korea", *Information Technology for Development*, Vol.25, No.3, 2019, pp.424—454.

Kumar, R., Singh, K. and Jain, S. K., "An Empirical Investigation of the Relationship among Agile Manufacturing Practices and Business Performance: a Pilot Study", *Journal of Science and Technology Policy Management*, Vol.13, No.2, 2022, pp 428—455.

Lee, I. and Lee, K., "The Internet of Things: Applications, Investments, and Challenges for Enterprises", *Business Horizons*, Vol.58, No.4, , 2015, pp.431—440.

Lee, J. and Berente, N., "Digital Innovation and the Division of Innovative Labor: Digital Controls in the Automotive Industry", *Organization Science*, Vol.23, No.5, 2012, pp.1428—1447.

Legner, C., Eymann, T. and Hess, T., "Digitalization: Opportunity and Challenge for the Business and Information Systems Engineering Community", *Business & Information Systems Engineering*, Vol.59, 2017, pp.301—308.

Leite, M. and Braz, V., "Agile Manufacturing Practices for New Product Development: Industrial Case Studies", *Journal of Manufacturing Technology Management*, Vol.27, No.4, 2016, pp.560—576.

Lu, Y. and Ramamurthy, K., "Proactive or Reactive IT Leaders? A Test of Two Competing Hypotheses of IT Innovation and Environment Alignment", *European Journal of Information Systems*, Vol.19, No.5, 2010, pp.601—618.

Martin, R., Sunley, P., Gardiner, B. and Tyler, P., "How Regions React to Recessions: Resilience and the Role of Economic Structure", *Regional Studies*, Vol.50, No.4, 2016, pp.561—585.

Ng and Irene, C. L., "New Business and Economic Models in the Connected Digital Economy", *Journal of Revenue and Pricing Management*, Vol.13, No.2, 2014, pp.149—155.

Perez, C., "Technological Revolutions and Techno-Economic Paradigms", *Cambridge Journal of Economics*, Vol.34, No.1, 2010, pp.185—202.

Ranjit, G., Cristian, M. and Yuya, K., "Business, Innovation and Digital Ecosystems Landscape Survey and Knowledge Cross Sharing", *Technological Forecasting & Social Change*, Vol.147, 2019, pp.100—109.

Salahuddin, M. and Alam, K., "Internet Usage, Electricity Consumption and Economic Growth in Australia: A Time Series Evidence",

Telematics and Informatics, Vol.32, No.4, 2015.

Sara, F. J., Graca, M. S., Paulo, J. G. and Helena, M. G., "Determinants of Users' Continuance Intention Toward Digital Innovations: Are Late Adopters Different?", *Journal of Business Research*, Vol.115, 2020, pp.225—233.

Tapscott, D., "The Digital Economy: Promise and Peril in the Age of Networked Intelligence", *Journal of Academic Librarianship*, Vol.22, No.5, 1996, p.397.

Teece, D. J., Pisano, G. P. and Shuen, A., "Dynamic Capabilities and Strategic Management", *Strategic Management Journal*, Vol.12, No.4, 1997, pp.509—533.

Teece, D. J., "Profiting from Innovation in the Digital Economy: Enabling Technologies, Standards, and Licensing Models in the Wireless World", *Research Policy*, Vol.47, No.8, 2018, pp.1367—1387.

Thomas, A., "The Role of Users and Customers in Digital Innovation: Insights from B2B Manufacturing Firms", *Information and Management*, Vol.53, No.3, 2016, pp.324—335.

Varl, M., Duhovnik, J. and Tavar, J., "Agile Product Development Process Transformation to Support Advanced One-of-a-kind Manufacturing", *International Journal of Computer Integrated Manufacturing*, Vol.33, No.6, 2020, pp.590—608.

Vial，G.，"Understanding Digital Transformation：A Review and a Research Agenda"，*The Journal of Strategic Information Systems*，Vol.28，No.2，2019，pp.118—144.

Xu，G.，Lu，T. and Liu，Y.，"Symmetric Reciprocal Symbiosis Mode of China's Digital Economy and Real Economy Based on the Logistic Model"，*Symmetry*，Vol.13，No.7，2021，p.1136.

Zhan，Y.，Tan，K. H.，Ji，G.，Chung，L. and Tseng，M.，"A Big Data Framework for Facilitating Product Innovation Processes"，*Business Process Management Journal*，Vol.23，No.3，2017，pp.518—536.

后 记

当前，大数据、区块链、人工智能和元宇宙等迅速发展，形成了高度互联的智能世界，渗透和改变着整个社会经济形态，加速了数字经济与实体经济的融合，创造了人类生活新空间。"十四五"以来，大数据产业步入集成创新、快速发展、深度应用、结构优化的新阶段，数据要素市场建设、技术集成创新、产业知识化转型成为发展重点，大数据深度赋能经济社会高质量发展的成效愈发显著。

在此背景下，本书从数实融合的视角出发，探讨了数字经济与实体经济融合的逻辑机理，并提出了进一步发展的模式和路径。总体来看，本书的内容聚焦于三个方面：第一，研究数实融合的理论基础，分析数实融合的互动关系和逻辑机制，揭示其内在演化特征和规律；第二，研究数实融合的现状、特征和发展趋势，探讨数实融合的水平、特征和影响效应，对发展状况进行深入分析；第三，分析数实深度融合面临的主要问题和挑战，并提出推进数实深度融合的路径。在数字经济日趋繁荣的背景下，本书不仅有助于加深对数实融合的理解，而且有助于为数实融合实践提供有力的支撑。

在数实融合不断深入的情况下，我们不仅要关注数实融合带来的繁荣和便利，而且也要看到数实融合造成的风险和冲击。数字经济的发展颠覆和冲击着人们的思维、工作与生活，促进社会经济大融合和大重构，营造出一种全新的信息交流空间，塑造着人们的生活方式、互动模式、思维理念和价值观念等。我国正处于社会经济的深度转型期，社会结构和形态都在发生巨大的变化，各种社会思潮和价值观相互激荡，各种社会矛盾日渐凸显。在技术因素和社会因素联合推动下，激发人们的底层欲望和情绪，容易导致群体行为异化，对社会经济政治带来巨大的冲击，甚至对国家信息安全和社会稳定产生威胁。因此，在数字经济赋能实体经济发展过程中，要采取措施规避相应的风险和不利影响，从而更好地发挥数字经济的正向作用。

在研究过程中，本书得到上海财经大学何骏副教授的大力支持，博士生王常欣、韩欣彤、连欣燕、郭跃驰等参与了大量的资料收集和整理工作，在此一并表示感谢！同时，感谢上海市委宣传部对本书出版的支持工作，感谢上海人民出版社编辑的辛苦付出。

由于数实融合快速演化，再加上我们能力有限，时间仓促，本书肯定存在各种各样的问题和不足，恳请各位专家学者批评指正，我们将在后续研究中进一步完善。

张祥建

2023 年 10 月

图书在版编目(CIP)数据

数实融合发展:理论·机制·路径/张祥建,刘知
恒著. —上海:上海人民出版社,2023
ISBN 978 - 7 - 208 - 18601 - 9

Ⅰ. ①数… Ⅱ. ①张… ②刘… Ⅲ. ①中国经济-经
济发展-研究 Ⅳ. ①F124

中国国家版本馆 CIP 数据核字(2023)第 197335 号

责任编辑 王　琪
封面设计 汪　昊

数实融合发展:理论·机制·路径
张祥建　刘知恒　著

出　　版　上海人民出版社
　　　　　(201101　上海市闵行区号景路 159 弄 C 座)
发　　行　上海人民出版社发行中心
印　　刷　上海新华印刷有限公司
开　　本　787×1092　1/16
印　　张　13.25
插　　页　2
字　　数　138,000
版　　次　2023 年 11 月第 1 版
印　　次　2023 年 11 月第 1 次印刷
ISBN 978 - 7 - 208 - 18601 - 9/F·2850
定　　价　62.00 元